UM DIA DEPOIS DO OUTRO

ROGER ROSENBLATT

UM DIA DEPOIS DO OUTRO

Tradução: Regina Lyra

Título original: *Making Toast*

Editora Nova Fronteira Participações S.A.
Rua Nova Jerusalém, 345 – Bonsucesso – CEP 21042-235
Rio de Janeiro – RJ – Brasil
Tel.: (21) 3882-8200 – Fax: (21) 3882-8212/8313

Texto revisto pelo novo Acordo Ortográfico.

CIP-Brasil. Catalogação na fonte.
Sindicato Nacional dos Escritores de Livros, RJ.

R724d Rosenblatt, Roger
Um dia depois do outro / Roger Rosenblatt; tradução Regina Lyra. – Rio de Janeiro: Nova Fronteira, 2012.

Tradução de: Making toast: a family story
ISBN 978-85-209-2887-5

1. Rosenblatt, Roger – Família. 2. Escritores americanos – Biografia. 3. Avós e netos. I. Título.

CDD: 813
CDU: 821.111(73)-3

Para Amy

O truque, quando se procura um dente perdido na borra do café, é não se deixar iludir pelas bolotas. A única maneira de ter certeza é desmanchando cada bolota entre o polegar e o indicador, o que deixa as mãos imundas. Esta manhã Ginny e eu caçamos, durante uns vinte minutos, na lixeira da cozinha, o dente superior esquerdo frontal da nossa neta de sete anos, Jessica. Mole há vários dias, mas ainda não solto, o dente finalmente acabou caindo dentro de uma tigela de cereal. Embrulhei-o num guardanapo de papel para ficar bem-guardado e o pus na bancada da cozinha, mas ele acabou confundido com lixo por Ligaya, a babá de Bubbies. Bubbies (James) tem um ano e oito meses e é o caçula dos três filhos da nossa filha Amy. Sammy, que tem cinco, não se interessou pela busca do dente, e Jessie nem ficou sabendo. Esperamos encontrá-lo para que ela não fique com medo de a Fada do Dente não aparecer.

Esse tipo de atividade tornou-se parte da nossa vida desde que Amy morreu seis meses atrás, no dia 8 de dezembro de 2007, às duas e meia da tarde. Hoje é dia 9 de junho de 2008. No dia da sua morte, Ginny e eu viemos de carro da nossa casa em Quogue, na margem norte de Long Island, para Bethesda, Maryland, onde Amy e o marido, Harris, moravam. Incentivados por ele, estamos aqui desde então.

— Quanto tempo vocês vão ficar? — perguntou Jessie na manhã seguinte.

— Para sempre — respondi.

***

Amy Elizabeth Rosenblatt Solomon, 38 anos, pediatra, esposa do cirurgião de mãos Harrison Solomon e mãe de três filhos, desmaiou na esteira da sala de brinquedos no primeiro andar de casa.

— Foram Jessie e Sammy que a encontraram — disse Carl, nosso filho mais velho, por telefone.

Carl mora com a mulher, Wendy, e os dois filhos, Andrew e Ryan, em Fairfax, na Virgínia, não muito longe de Amy e Harris. Jessie correu em busca do pai no andar de cima.

— A mamãe não está falando — disse ela.

Em segundos Harris estava ao lado de Amy. Tentou ressuscitação cardiopulmonar, mas o coração dela já tinha parado e não foi possível reanimá-la.

Foi declarada "morte súbita devido a uma artéria coronariana direita anômala" — o que quer dizer que suas duas artérias coronárias alimentavam o mesmo lado do coração. Normalmente as artérias se localizam em ambos os lados do coração, de modo que, caso uma falhe, a outra possa fazer o trabalho. No coração de Amy, elas estavam lado a lado, talvez espremidas entre a aorta e a artéria pulmonar, que pode se expandir durante exercícios físicos. O fluxo de sangue foi cortado. A doença de Amy, que afeta menos de dois milésimos de um por cento da população, era assintomática. Ela poderia ter morrido em qualquer momento de sua vida.

Amy teria gostado da clareza do veredito. Desde pequena, ela sempre foi uma pessoa muito transparente, sabia intuitivamente o bom senso que cada situação exigia. Tinha uma testa ampla, cabelo escuro, quase preto, e olhos cor de avelã.

Ao mesmo tempo confiante e altruísta, não havia sombra de dúvida de que, quando olhava para alguém, esta pessoa era a única coisa que ela tinha em mente.

Sua transparência às vezes a tornava severa com a família, sobretudo com os dois irmãos. Carl e John, nosso caçula, se encolhiam quando ela os repreendia por crimes como invadir seu quarto. Também era capaz de cutucar qualquer um com seus comentários espirituosos. Quando estava prestes a se formar em medicina na Universidade de Nova York, a turma dela me pediu para ser o orador. A faculdade tem uma tradição que permite a um ex-aluno pôr o capelo da beca no formando. Harris, que tinha se formado no ano anterior, foi escolhido para "coroar" Amy. Durante o jantar, na véspera da cerimônia, uma amiga comentou:

— Amy, não é o máximo? Seu pai vai ser o orador da turma e seu noivo vai fazer a coroação.

Amy respondeu:

— É mesmo. E também é bem legal eu estar me formando.

A transparência também contribuía para sua generosidade. Aos seis anos, levei-a de carro com três amigas a uma festa de aniversário. Uma das meninas vomitou, enjoada da viagem. As outras duas, claro, se afastaram, com gritos de "Ai!" e "Eca!". Amy se aproximou da pobrezinha para consolá-la.

***

Ginny e eu nos mudamos de uma casa de cinco quartos, com um escritório e uma cozinha espaçosa, para uma suíte no apartamento do nosso genro, uma alcova ao lado da sala de brinquedos, onde costumávamos nos hospedar sempre que fazíamos uma visita. Acrescentamos uma penteadeira e uma escrivaninha, e Harris, uma televisão e um tapete. Pode parecer que reduzimos o conforto, mas os mais velhos ocupam menos espaço do que é preciso e têm menos do que desejam. E não nos desfizemos da casa em Quogue.

Descobri que não conseguia escrever, e também não queria. Mas podia dar aulas, e isso ajudou a me sentir útil. Dirijo de Bethesda até Quogue aos domingos e dou minhas aulas de literatura inglesa e minhas oficinas no mestrado em Belas-Artes da Universidade Stony Brook no início da semana; depois volto para Bethesda. A viagem consome umas cinco horas e um tanque de gasolina, mas é mais fácil e rápido do que pegar um avião ou um trem.

A fúria na estrada era um perigo naquelas primeiras semanas. Eu arrumava briga com balconistas sem motivo algum. Perdi a paciência com uma aluna que me ligava toda hora para falar do seu trabalho. Eu me exaltava com os que falavam da morte de Amy usando os clichês da linguagem moderna, como "passagem" e "conclusão". Amaldiçoei a Deus. De certa forma, o fato de acreditar Nele tornava a morte de Amy mais, e não menos, compreensível, já que o Deus em que acredito não é benevolente. Ele não se importa. Um amigo estava visitando Jerusalém quando recebeu a notícia da morte de Amy. Chutou o Muro das Lamentações e disse "Vai se ferrar, Deus". Exatamente o que eu pensava.

Qual é o casaco de inverno favorito de Jessie? O azul, não o rosa, embora sua cor favorita seja rosa. Sammy prefere leite integral no cereal. Ele o chama de "leite de vaca". Jessie só toma leite de soja. Ela gosta de tomar um copo no café da manhã. Sammy prefere água. Essas informações tiveram de ser absorvidas rapidamente. Sammy se vê como o Power Ranger prateado, Jessie é o cor-de-rosa. Os amigos de Sammy são Nico, Carlos e Kipper. As amigas de Jessie são Ally, Danielle e Kristie. Havia visitas infantis para combinar, convites de festa de aniversário para responder, formulários escolares para preencher. Sammy frequenta uma escola particular, a Geneva

Day; a de Jessie é a Burning Tree, a escola pública local. Tínhamos de administrar os horários deles.

Acabei me reabituando a coisas que eu já esquecera e que dizem respeito a crianças pequenas. Brinquedos falantes voltaram a fazer parte da minha vida. De repente, andando pelo aeroporto, ouço a voz de um boneco de ventríloquo de filme de terror brotar de dentro da mala; Buzz Lightyear diz "Ao infinito e além!"; um telefone falante grita "Socorro!"; outro brinquedo fala "Sou um porco. Podemos parar?".

Em tudo isso, duas coisas foram de extrema utilidade para nós. Primeiro, Leslie Adelman, uma amiga de Amy e Harris e mãe de amiguinhos das crianças, criou um site que convidava outras pessoas a preparar jantares para nossa família. E-mails foram enviados por Leslie, Wendy, nossa nora, Laura Gwin, outra amiga e mãe de colegas de escola, e Betsy Mencher, amiga de faculdade de Amy. Logo, cerca de cem pessoas — familiares dos colegas de escola das crianças, amigos e colegas de trabalho de Amy e Harris e vizinhos — aderiram à lista. Os participantes colocavam os jantares em um isopor azul, à nossa porta. Faziam isso dia sim, dia não, e sobrava o suficiente para as noites em que não o faziam, de meados de dezembro ao início de junho.

A segunda coisa foi um conselho direto e sábio que a babá de Bubbies deu a Harris. Ligaya é uma mulher baixinha, ágil, de cinquenta e poucos anos. Sei pouco sobre sua vida, exceto que nasceu nas Filipinas, onde vive a filha, e que tem um filho morando aqui e trabalhando como supervisor num restaurante. Sei também que tem uma ética de trabalho inabalável e bastante flexibilidade para lidar com qualquer imprevisto, e que demonstra uma formalidade prática ao chamar Bubbies de James e não pelo apelido cunhado por Amy, a fim de lhe garantir um nome mais respeitável no futuro. Ligaya alterou seus horários para passar doze horas por dia conosco cinco dias por semana — uma dádiva indispensável, sobretudo para seu pequeno protegido, que ri encantado quando ouve a chave dela abrindo a porta. Ninguém de fora da família poderia ter sentido mais intensamente a morte de Amy. No entanto, o conselho que ela deu a Harris e ao restante de nós foi desprovido de emoção:

— Vocês não são os primeiros a passar por uma coisa dessas e são mais capazes de lidar com a situação do que a maioria das pessoas.

***

Bubbies olha em volta à procura de Amy, diz "mamãe" quando vê seus retratos e se pendura no pai. Ele é loiro, e seu rosto em geral é ocupado por silêncios observadores. Quando está sozinho comigo, brinca bem satisfeito. Ensinei-lhe o cumprimento *high five* e, quando ele faz isso, me afasto cambaleante para mostrar como é grande a sua força. Bubbies gosta de pegar uma panela num dos armários da cozinha e barrinhas de cereal em outro, pôr as barrinhas na panela e tampá-la. Tudo isso o deixa contente durante algum tempo. Quando Harris entra na cozinha, Bubbies larga tudo, corre para ele e se agarra às suas pernas.

Jessie é alta, também loira, e sua expressão parece sempre beirar o entusiasmo. Amy costumava dizer que nunca tinha visto alguém tão otimista. Jessie adora as aulas de hip-hop, aguarda animada um concerto que a escola vai promover em homenagem a Amy, a fim de conseguir dinheiro para um fundo de bolsas de estudo na faculdade de medicina da Universidade de Nova York, e mal pode esperar para ver *O quebra-nozes*.

— Faz o seu número do *Quebra-nozes*, Boppo — pede ela. (Ginny é Mimi; eu sou Boppo.)

Parto para o meu balé improvisado, cujo ponto alto é quando sacudo meu traseiro como os camundongos bailarinos. Jessie também está animada com a nossa viagem à Disney

World em janeiro, a aventura que Amy e Harris tinham programado para toda a família meses antes de ela morrer. Falamos de planos para passar o verão distante em Quogue. Jessie está animada.

Sammy também é alto, tem cabelos escuros e olhos ruminantes bem separados um do outro. Traz um livro para eu ler, que fala de uma lagarta. Traz mais outro, que por acaso veio parar aqui em casa, chamado *Lifetimes: the Beautiful Way to Explain Death to Children* [*Lifetimes: a maneira bonita de explicar a morte a crianças*]. O livro diz: "Existe um começo e um fim para tudo que vive. Entre os dois, fica a vida." O livro ilustra suas lições com fotos de pássaros, peixes, plantas e gente. Me recosto no sofá com Sammy acomodado na curva do meu cotovelo e leio para ele sobre a beleza da morte.

***

Como outras famílias não religiosas, a nossa costuma selecionar cuidadosamente as datas comemorativas e adota os rituais que mais atraem as crianças — os ovos e o Coelho da Páscoa, a árvore de Natal e o Papai Noel. Como de hábito, Amy fizera os preparativos para o Natal com bastante antecedência. Presentes não embrulhados para Jessie, Sammy e Bubbies estavam escondidos pela casa. Os enfeites tradicionais e os que ela própria confeccionara tinham sido retirados dos lugares onde ficavam guardados durante o ano. Havia figurinhas de argila pintadas que representavam uma família arrumada em fila entoando canções natalinas, fotos da própria família registrando o crescimento das crianças ano a ano e enfeites mais antigos que Ginny e eu ganhamos. Amy e Harris tinham escolhido a árvore na manhã do dia em que ela morreu. A árvore ficou no deque ao longo dos primeiros dias de luto, encostada em uma estaca num ângulo de quarenta graus, o tronco mergulhado num balde-d'água. Acabamos levando-a para dentro de casa e nos concentramos em dar à data a aparência mais normal possível.

Na véspera de Natal, Ginny assou um peru para mim, Harris e John, que viera de Nova York passar uns dias. Li para Jessie e Sammy *The Night Before Christmas* [A véspera de Natal], como havia feito com nossos três filhos, acrescentando bobagens sem sentido e fingindo ter dificuldade com palavras como "corcéis", na tentativa de prender a atenção dos pequeninos. No ano anterior, eles começaram a ficar sonolentos no meio da leitura. Esse ano, ouviram a história até o fim. Depois que os meninos dormiram, Ginny, Harris e eu abrimos alguns dos brinquedos que Papai Noel iria trazer. Jessie ainda acredita nele, porque assim deseja. Ela ganhou uma boneca; Sammy, roupas e DVDs dos Power Rangers; Bubbies, um cãozinho de controle remoto: um beagle, que anda, senta e late. Harris montou alguns brinquedos. Levou meia hora para armar uma pista elétrica de corrida que me tomaria meio dia quando eu era um pai jovem. E a estrutura dele *não* desabou. Harris e as crianças também decoraram a árvore, e ele pendurou as luzinhas.

Carl, Wendy e os filhos costumam passar o Natal com a família dela em Pittsburgh, por isso apareceram na véspera para trocar presentes. Carl e eu demos a Harris ingressos para o torneio Masters de golfe que vem aí em abril. Ele sempre quis assistir. Demos a ele dois ingressos para que possa levar um amigo. Como descobrimos depois, ele planejara ir com Amy no ano que vem para comemorar seu aniversário de quarenta anos. Como foi uma ideia de última hora, Carl e eu não pudemos comprar os ingressos, então os reservamos, o que levou Carl a fazer uma elegante apresentação do presente, com um texto parecido com o do anúncio de um prêmio. As letras contrastavam com a figura de fundo do campo de golfe em Augusta. Queríamos esconder o presente em um paletó esporte verde brilhante como os que os vencedores do Masters ganham, mas não conseguimos achar nenhum. Tivemos de nos contentar com um anoraque verde-oliva. Quando entregamos o presente a Harris, ele pensou que fosse o anoraque e ficou feliz. Mandamos que olhasse no bolso de dentro. Ele segurou o pedaço de papel nas mãos, ficou de pé e desatou a chorar.

***

A compra dos ingressos para o Masters foi ideia de Carl. Ele faz coisas assim. De certa forma, Carl é uma fusão das características de Amy com as de Harris — sempre atento aos outros, mas bem competente em tudo o que faz. Tem o rosto honesto e suave do sujeito que deixa qualquer um se sentir acolhido em lugares desconhecidos, que grita o nome de um amigo na multidão e faz sinal para que ele se aproxime. Depois da faculdade, Carl iniciou sua carreira de redator esportivo, mas não foi a lugar algum. Entrou para o mundo corporativo e imediatamente alcançou altos cargos executivos, sem ter diploma de MBA. Ele faz com que seus subordinados se sintam úteis e reconhecidos. É um cavalheiro. Desabrochou como pai. E é a pessoa que aprende mais rápido que já vi na vida. Quando tinha três anos, entendeu o que eram frações estudando o odômetro do nosso carro a cada um décimo de milha que ele avançava. Quando fazia seus cálculos, parecia fascinado, como acontece até hoje toda vez que lhe peço para decifrar o que para mim é um problema matemático. Aparentemente se lembra de todos os minutos de sua infância. A maioria das recordações é agradável; bom para Ginny e para mim, já que costumamos nos recordar dos nossos erros. Suas lembranças de Amy — um instante de mau humor ou de irritação com ele — são muito engraçadas. Seu cabelo está ficando grisalho.

***

É janeiro de 2008. No fim da tarde, em nosso quarto de hotel na Disney, Ginny está sentada na cama com Bubbies no colo. Finalmente ele dormiu, depois de passar algumas horas correndo num gramado e escapando de nós toda vez que tentávamos pô-lo de volta no carrinho. Quando estávamos os dois sozinhos ontem, ele caiu de cabeça enquanto corria, chorou pra valer por alguns minutos e depois insistiu para que eu o pusesse de volta no chão para continuar correndo sob um vento gélido. Foi o inverno mais frio de que se tem notícia na Flórida em muitos anos.

Harris levou Jessie e Sammy para uma volta na montanha-russa, e nós ficamos com Bubs, que embarcou em mais um round de movimento incessante. Amy costumava dizer: "James, você está fora de controle." Ele acabou se cansando, e o levamos para o quarto, onde ele retomou o fôlego e correu mais um pouco. Dei a ele uns pedaços de maçã, que, por estarem duros, mastiguei um pouquinho primeiro. Finalmente, ele dormiu.

Jessie andava tão entusiasmada com a viagem que precisou contar às colegas em que data a família planejava partir. Por acaso, Amy atuava como voluntária naquele dia na classe. A diretora também visitava a turma nesse dia. Quando Jessie mencionou as datas da viagem que se aproximava, a diretora ficou horrorizada.

— Ora, você não pode viajar *nessa época,* Jessie — disse ela. — É um período de *aulas*.

Amy, tentando se esconder atrás das carteiras dos alunos, fez um aceno brando e afetuoso.

A claridade que entra pela janela é pálida e fria. A televisão está desligada. Não se ouvem sons vindos do corredor do hotel. Tudo é silêncio na Disney. Ginny está sentada na ponta da cama de costas para mim. Vejo a parte de trás de sua cabeça e o topo da de Bubbie, logo acima do seu ombro.

★✶★

Começamos a nos adaptar à casa de Amy e Harris. Conhecíamos a casa apenas como parentes que se hospedam por alguns dias, uma semana talvez. Agora ela é nossa sem nos pertencer, familiar e estranha. Aprendemos a trancar a porta de vidro entre a cozinha e o deck. Aprendemos a mexer no lava-louça, no termostato. Aprendemos onde ficam guardadas as ferramentas, os fios de extensão, a fita adesiva e as lâmpadas. Tomamos nota das diferentes gavetas de roupa das crianças, o lugar dos livros e dos jogos preferidos. Como uma das muitas atividades de Bubbies é abrir o armário de jogos e atirar seu conteúdo no chão, em geral perdendo peças cruciais, aprender onde guardar os jogos logo se torna um exercício fútil.

Ginny se ocupa da maioria das tarefas essenciais. Prepara a roupa que as crianças vão usar, supervisiona a higiene dental, trança o cabelo de Jessie e verifica as mochilas. Dificilmente tem um momento de folga. Harris lhe deu o celular de Amy, no qual Ginny gravou sua própria saudação: "Oi, aqui é 301..." Ouve-se então um "Mimi!" — Jessie pedindo alguma coisa no meio da gravação de Ginny.

Já eu faço de tudo, desde levar as crianças de carro a seus compromissos a comprar comida em alguma mercearia. De vez em quando contribuo com novas ideias. Logo depois da morte de Amy, instituí a "Palavra do Dia". No início da manhã, escrevo uma palavra num post-it amarelo, que grudo na lateral de um suporte de guardanapos de madeira na mesa da cozinha. Em geral, faço alguma brincadeira com a palavra, como pedir a Jessie e a Sammy para encontrar nela outras palavras, ou incluo algum desenho. Se a palavra do dia foi "equestre", desenhei um cavalo que se parecia um bocado com um cavalo. Tento encontrar uma palavra que seja um desafio para Sammy, mas não fácil demais para Jessie, e, sempre que possível, que contenha um elemento interessante, como uma letra muda. A primeira Palavra do Dia foi "resposta". Sammy disse:

— Amanhã, Boppo, arrume uma palavra boba.
A palavra da manhã seguinte foi "caca".

* * *

Acordo mais cedo que os outros, em geral por volta das cinco horas, para executar a tarefa doméstica que passei a dominar com perfeição. Depois de postar a palavra da manhã, esvaziar o lava-louça, servir o café das crianças e despejar cereal matinal nos pratos, preparo as torradas. Tiro da geladeira a manteiga para que amoleça e ponho três fatias de pão de forma no forno elétrico. Bubbies e eu gostamos de torradas só com manteiga, Sammy prefere a dele com canela e sem as cascas. Quando o alarme toca, tiro as torradas do forno, ponho nos pratos e passo a manteiga.

Harris em geral passa a metade da noite na caminha de Bubbies. Quando subo, por volta das seis da manhã, Bubbies hesita, mas quando lhe lanço um olhar astuto, abre os braços para mim.

— Torrada? — diz ele.

Eu o recebo do pai, troco a fralda e desço com ele para dar a Harris mais uns vinte minutinhos de sono.

* * *

Sammy continua pragmático. Num fim de tarde, estamos vendo TV juntos. Uma mãe aparece no programa.

— Não tem mãe para mim — diz ele.

No início, tentamos lhe explicar que Amy continuava a viver no nosso pensamento e nas nossas lembranças.

— A mamãe continua conosco — disse eu.

Sammy perguntou onde, exatamente. Indiquei um ponto no ar.

— A mamãe está ali?

Respondi que sim.

Ele indicou outro ponto:

— E ali?

Respondi que sim, e acrescentei:

— Ela está sempre conosco, em todo lugar. Não podemos ver, mas podemos sentir seu espírito.

Então ele disse:

— Ali?

***

Enquanto Ligaya e Ginny cuidam de Bubbies e Sammy, levo Jessie ao ponto de ônibus. Numa manhã cinzenta e úmida, ficamos em pé juntos na esquina da nossa rua. Uma a uma, descem a ladeira as mães da vizinhança, as crianças correndo ao lado delas. Um jogo de futebol improvisado começa. Jessie participa. A cena parece agradável e trivial, a menos que se perceba a presença estranha do avô solitário.

Com sorte, Ginny e eu viveremos para ver os três crescerem e virarem adultos, e Jessie há de entrar na adolescência e ter ataques por conta de namorados e bater o pé e gritar que não entende nada, nadinha. Mas hoje eu a ajudei com sua gigante mochila cor-de-rosa e com o guarda-chuva de borboletas cor-de-rosa antes de subir no ônibus escolar. Fico ali de pé vendo o ônibus partir e desejo um bom-dia às mães.

***

A casa que Amy e Harris compraram em 2004 era uma robusta casa colonial cor de areia, construída na década de 1960 — um lar para toda a vida. As paredes eram espessas; o assoalho de pinho de riga, nivelado; o carvalho, a nogueira e os choupos no quintal, velhos. Embora criada em cidade grande, Amy sempre quis uma casa na periferia. Harris cresceu em Bethesda e frequentou a Escola Burning Tree e depois fez o ensino médio na Walt Whitman, que fica a menos de quinhentos metros da casa. Seu carinho pela cidade natal fez bem a Amy. Sempre que Ginny e eu os visitávamos, ligávamos dizendo que estávamos chegando. Ela nos aguardava de pé, emoldurada pelo batente vermelho-escuro da porta, segurando um ou dois filhos. Todos sorriam.

Amy trabalhava como médica apenas dois dias na semana, para ficar mais tempo com os filhos. Sua casa era como ela: cheia de brincadeira, mas bem-cuidada. Na área de armazenamento, no piso inferior, sempre havia um estoque de curativos, guardanapos, xícaras, filtros de café, papel-toalha e Kleenex, bem como pilhas de todos os tamanhos. Até hoje não precisamos comprar analgésicos.

Amy tinha talento para cerimônia e tradições — as qualidades que Yeats almejou no poema "Uma prece pela minha filha". Ela registrou o primeiro ano dos filhos tirando fotos de cada um em seus primeiros doze meses e emoldurou-as para pendurar nas paredes de seus quartos. Os detalhes de aniversários e datas festivas eram importantes para ela — fez uma festa de Dora, a Aventureira para Jessie, para a qual desenhou um mapa do tesouro; uma de Bob, o Construtor, para Sammy, para a qual conseguiu capacetes. No Dia de Ação de Graças que antecedeu sua morte, dezessete parentes apareceram, inclusive os pais de Harris, Dee e Howard, e a cunhada mais velha, Beth, bem como os pais de Wendy, Rose e Bob Huber. Havia várias cozinheiras, não em demasia, todas trabalhando sob a supervisão de Amy. Harris, Howard, Bob, Carl, John e eu assistimos à maior cota de futebol que nos permitiram. O cirurgião especialista em mãos trinchou o peru, sua habilidade com a faca era ao mesmo tempo impressionante e assustadora. Tomamos nossos lugares à mesa. Erguemos os copos num brinde. Ao longo do ano anterior, Howard teve uma válvula cardíaca reparada, e fiz um tratamento bem-sucedido de um câncer de próstata e de um melanoma. Harris ergueu um brinde à recuperação da saúde da família.

***

O estoicismo de Harris não é ostensivo. Homem forte, de estrutura grande e potente, ele carrega sem esforço os três filhos para o andar de cima ao mesmo tempo. Ver suas costas me entristece. Harris realiza cirurgias duas vezes por semana e dirige o setor de ortopedia no hospital Holy Cross. Em casa, as poucas horas remanescentes são dedicadas a organizar os horários das crianças com Ginny e Ligaya e a brincar e assistir ao Bob Esponja com os meninos. Depois, dá banho nos três e os põe na cama.

No dia em que Amy morreu, ele se sentou ao lado do corpo da esposa durante uma hora, talvez mais. Agora, raramente fala dos próprios sentimentos. Ele e eu conversamos sobre esporte e política e concordamos na maior parte das vezes. Falamos um bocado das crianças. Ginny me disse que, quando não estou em casa, ela e Harris compartilham um jantar tardio na cozinha, o que deixa minha mulher de coração partido.

— Quem devia estar jantando com ele era a mulher — diz ela.

Harris acha que vai ser muito difícil casar de novo. Autossuficiente, ele costuma ser um mundo em si mesmo. Conserta coisas, como abajures e privadas. Costura. Resolve problemas de fios elétricos e fusíveis. Faz as mãos de outros funcionarem novamente. E tem feito tudo que é possível na situação dele: estimula as crianças a falar sobre Amy sempre que sentem vontade e a não segurar as lágrimas. Sempre que necessário, ele e os filhos consultam uma psicoterapeuta especializada em luto. Está em contato permanente com os professores de Jessie e de Sammy. Mas também merece ter uma vida.

Harris acolhe as exigências que recaem sobre seus ombros com uma energia que contagia, e nos períodos de calmaria tentamos ajudar uns aos outros a manter-se de pé. Uma noite em fevereiro Jessie e Sammy tiveram um acesso de choro na hora de ir para a cama. Ginny e eu ficamos sentados na sala, ouvindo a voz firme de Harris nos intervalos entre o choro dos filhos, que acabaram se acalmando. Ele desceu e se sentou diante do laptop, com o olhar perdido.

— Olhe — falei, me aproximando. — Nunca vamos conseguir superar isso. É uma certeza. Mas as crianças vão ficar bem, eu prometo. Já vi acontecer em outros casos.

— Sou um cientista — disse ele. — Para mim é difícil lidar com coisas que não são fatos.

* * *

Amy costumava dizer "Harris se contenta fácil", interpretando erroneamente como falha a capacidade do marido de se adaptar a circunstâncias desconfortáveis ou difíceis. Ele se vingava alfinetando-a por causa do seu perfeccionismo. Certa vez, quando Carl lhe perguntou se Amy gostava do novo sistema de TV a cabo e internet, Harris respondeu:

— Amy odeia tudo.

Ele disse que era dela o recorde norte-americano de pedidos inusitados de café na rede Starbucks. Os pedidos variavam de acordo com as estações. O do inverno era triplo com leite desnatado e gengibre; o do verão, americano gelado supertriplo com quatro bombeadas de baunilha sem açúcar.

Faz todo sentido. Quando não tinha mais que três anos, e parávamos num McDonald's durante uma viagem, ela pedia um hambúrguer simples. Como pedidos de hambúrgueres simples não estavam previstos entre os bilhões de sanduíches preparados diariamente pelo McDonald's em todo o país, chegava a levar 25 minutos para que seu lanche ficasse pronto.

— Sabe, Amy, quando eu era uma garotinha...

— Ah, pai! — queixava-se ela, cansada da piada.

Certa vez, viajamos de Cambridge, onde eu lecionava, em Harvard, para Nova York. Era véspera do Dia de Ação de Graças, razão pela qual a viagem levou muito mais tempo que o normal. Após a espera interminável pelo seu hambúrguer, Amy decidiu que também queria uma fatia de torta de maçã. Sem a menor pressa, também.

— Anda logo, A — insisti. (Nós a chamávamos de A.)

Ela jogou a torta no lixo. Quando chegamos ao apartamento dos meus pais, meu irmão caçula, Peter, perguntou se ela tinha gostado da viagem, e Amy respondeu:

— O papai não me deixou comer a torta até o fim.

Amy e Harris podiam implicar um com o outro sem correr riscos, porque o casamento deles lembrava uma dupla competente de tenistas. Nenhum dos dois precisava olhar para saber que o outro estava de prontidão na quadra. Alguns anos atrás, numa noite de sábado, Ginny e eu ficamos com as crianças para o casal comparecer a um jantar beneficente de médicos. Os dois mal tinham tempo ou energia para sair, vestir-se bem, embora, como a maioria dos pais jovens, parecessem infatigáveis. Antes de sair, ambos hesitaram junto à porta. Estavam deslumbrantes. Em outra ocasião, viemos de Quogue para cuidar das três crianças. Bubbies tinha onze meses. Amy e Harris foram para as Bermudas com Liz e James Hale, amigos de longa data da faculdade de medicina. Quando voltaram, depois de quatro dias, Ginny e eu estávamos destruídos, mal dando conta de nós mesmos. Recebemos o casal com a famosa canção de Amy Winehouse, com a letra um pouco modificada: *"They tried to make us go to rehab. We said yes, yes, yes!"* ["Eles tentaram nos fazer ir para a reabilitação. Nós dissemos sim, sim, sim!"]

***

Ginny deu aula no jardim de infância e na primeira série em Cambridge e em Washington nos primeiros anos do nosso casamento. Agora ela atua como voluntária nas escolas dos netos, como fazia Amy. Ajuda Jessie com o dever de casa. Vejo as duas sentadas à mesa da cozinha, debruçadas sobre o livro, e entreouço a conversa em tom sereno.

Ginny pergunta:

— Como a crisálida se protege dos predadores?

Jessie responde:

— Ela se sacode para espantá-los.

Faço palavras cruzadas com Jessie, e Sammy me enche de perguntas sobre animais, estrelas e planetas. Não consigo responder à maioria.

— Como são as tardes em Júpiter? — indaga ele.

Preciso pesquisar.

Muitas vezes me espanto com outra coisa de que me esquecera em relação a crianças: elas não respeitam o raciocínio sequencial. Em resposta a uma de suas incessantes perguntas, estendo-me o quanto posso na explicação, digamos, de um eclipse solar.

Sammy, então, pergunta:

— Qual é o maior número do mundo?

Ao mesmo tempo, Jessie intervém:

— Quanto será que vou ter de altura, Boppo?

E Sammy, novamente:

— Os peixes têm lábios?

— Assim, quando a Lua se mete entre a Terra e o Sol...

— Do que você está falando, Boppo?

Bubbies vem cuidando da própria educação, progredindo de uma palavra para várias; de frases de duas palavras para frases de três ou mais. Tem gente que diz que as crianças aprendem a falar a fim de contar as histórias que já trazem com elas. Uma das primeiras palavras do meu neto foi "volta". Ele queria que lhe assegurassem que qualquer um de nós que saísse de casa, ou mesmo de um aposento, iria voltar. Ele sempre utilizou frases de uma palavra em proveito próprio, consistindo o seu vocabulário, sobretudo, de referências a coisas que aprecia — o cortador de grama, o fogão, pássaros, bananas. As palavras únicas combinam com sua tendência despótica. "Fora" significa "Vamos lá, Boppo!".

★✶★

A professora da primeira série de Jessie, Coleen Carone, me convidou para uma visita à turma na Escola Burning Tree para falar sobre a profissão de escritor. A srta. Carone é jovem e moderninha, e seu olhar é intenso e penetrante. Ela chama os alunos de "baby". Jessie me apresenta aos coleguinhas, que se sentam com as mãos entrelaçadas sobre o tampo da carteira e me olham de alto a baixo.

— Este é o meu avô. A gente chama ele de Boppo.

As crianças falam das histórias que estão lendo. Começo a suspeitar que essa não é a minha praia.

A srta. Carone me pergunta:

— Como você desenvolve um personagem, Boppo?

Me enrolo com uma resposta que envolve questões de coerência e desenvolvimento de personagens. Quanto mais procuro facilitar o vocabulário, mais me confundo. Meu discurso é recebido com olhares educados. Jessie, de todo jeito, fica orgulhosa e se mantém do meu lado. A srta. Carone me encara satisfeita, como se dissesse "Não se preocupe. Pode deixar comigo agora". Ela pede aos alunos que pensem em um personagem principal e depois listem suas características — lealdade, inveja, grosseria, coragem, generosidade. Cada aluno é chamado diante da turma para responder a perguntas. Arthur está escrevendo sobre um super-herói.

— Alguém quer fazer alguma pergunta ao Arthur? — indaga a srta. Carone.

Uma menina pergunta:

— Seu super-herói fala a verdade?

Arthur reflete e responde que sim.

— Sempre? — indaga a menina.

★✱★

No fim de fevereiro, tenho uma "conversa" literária com Alice McDermott, como parte de uma série no centro cultural judaico 92nd Street Y em Nova York, na qual faço perguntas a escritores a respeito de seu trabalho. Alice e eu nos sentamos de frente um para o outro em um palco grande num auditório. Centenas de espectadores nos observam. Em geral, sinto-me à vontade nessas ocasiões, mais do que em eventos sociais menos intelectuais, porque, quando somos o centro de um acontecimento público, estamos sozinhos. Porém, como essa é a minha primeira aparição pública depois da morte de Amy, sinto-me tenso e deslocado. A delicadeza e a atenção de Alice me deixam à vontade.

Conversamos acerca de *After This* [*Depois disso*], seu romance sobre a família Keane, cujo filho foi morto no Vietnã. O romance não tem como centro a morte, mas o luto da família, que desafia a fé em Deus. Pergunto a Alice o que Deus tem a ver com isso. A vida não é só sorte, boa ou má? Ela responde que precisamos acreditar na boa vontade absoluta de Deus.

— Mesmo quando enfrentamos um sofrimento insuportável — diz ela —, acontecem pequenas coisas que nos tornam capazes de suportá-lo. John e Mary Keane vivem a maior tragédia que um casal pode enfrentar, e ainda assim ocorrem coisas na vida deles que os levam a ter momentos de felicidade novamente.

Alice atribui tais momentos à benevolência de Deus. Não sei dizer se ela percebe que eu não ajo da mesma forma.

★✱★

Sempre que a inspiração me ataca, desando a cantar o "Hino Nacional Boppo", que teve sua estreia em Bethesda há uns dois anos e se tornou um sucesso imediato graças à exuberância do compositor:

Boppo, o Incrível!
Boppo, o Incrível!
Tudo é possível para Boppo, o Incrível!
Sem dúvida ele é mesmo invencível!

Às vezes, Sammy muda a última frase para "Sem dúvida ele é mesmo fedido", indicando que a adoção do hino não tem caráter universal. Quando digo que planejo ensinar o hino à sua escola inteira, ele faz uma cara apavorada.

— De verdade? Mas a escola tem quinhentos alunos!

— Isso mesmo! Imagine só! — insisto. — Quinhentas crianças, todas cantando "Boppo, o Incrível!". Você vai ficar muito orgulhoso. E você *realmente* adora essa música!

— Eu *odeio* — corrige ele. — Só canto para agradar você.

Eu o agarro e canto "O tambor que ri", outra musiquinha de minha autoria, em que bato em sua barriga como se fosse um bumbo e faço cócegas que o levam à loucura.

Amy também inventava músicas para as crianças. Ela costumava cantar ou recitar:

Sammer, Sammer, você é o tal.
Sammer, Sammer, você é legal.
Sammer, Sammer, você é lindinho.
Tem jeito de homem, mas não passa de um garotinho.

Carl costumava dizer que "você é legal" era um uso pobre da língua e sugeria que o acréscimo de um "tão" antes de "legal" ajudaria a melhorar o todo, tanto gramatical quanto literariamente. Amy dava a entender ao irmão o quanto agradecia sua crítica construtiva. Eu achava a música uma graça, embora sentisse, como comentei várias vezes, que lhe faltava a imponência de um hino.

***

Pouco antes do nascimento de Jessie, Amy perguntou a Ginny, a mim, a Dee e a Howard como queríamos ser chamados por nossos netos. Todos escolheram algo sensato. Ginny escolheu "Mimi" por causa da própria avó. Eu escolhi "El Guappo" — o bonitão —, apelido de um ex-jogador de beisebol não muito competente do Red Sox. Como fã dos Yankees, eu agradecia a incompetência de El Guappo. Amy não gostou do nome, mas deixou passar. As coisas acabaram saindo a seu favor. Os bebês não conseguiam pronunciar El Guappo, e o resultado foi Boppo.

— Que tristeza — dizia Amy. — Ele se via como um bonitão, mas acabou virando um palhaço.

No entanto, o nome tem suas vantagens. Numa dada manhã, Jessie estava ouvindo "Nobody's Perfect", de Hannah Montana, no último volume.

— Abaixe isso, Jess — ordenei.

Ela obedeceu a contragosto, baixando o volume um centésimo de milímetro. Franzi a testa. Ela reduziu o som menos ainda.

— Abaixe isso, Jess!

Ela foi, furiosa, até o aparelho de som e o desligou num dramático movimento com a mão, subiu a escada com violência e passou a maior parte do dia sem falar comigo. Também foi rabugenta com uma amiguinha.

— O que deu em você? — ouvi Harris perguntar a ela.

— Estou com raiva de Boppo!

Quanto tempo alguém pode ficar com raiva de Boppo?

***

— Será que ninguém nesta família pode jogar Twister comigo? — indaga Jessie de pé diante do sofá, na sala de TV, onde Ginny, Harris e eu estamos sentados.

— Será que ninguém nesta família nunca vai jogar Twister comigo? — repete ela, numa voz lamentosa, as palmas das mãos viradas para cima como um pastor evangélico. Nem uma palavra escapa de Ginny ou de Harris.

— Eu jogo com você, Jess — respondo, esquecendo o motivo por que Twister tem esse nome.

Harris estala os lábios com uma pontinha de maldade.

— Ah, obrigada, Boppo — diz Jess. — Você é a única pessoa desta família toda que aceita brincar comigo!

***

Carl me pega em casa, e vamos de carro ao Verizon Center no centro de Washington para assistir a um jogo de basquete da Georgetown. Uma das grandes vantagens do nosso esquema atual de moradia é que Ginny e eu conseguimos conviver mais com ele, Wendy e os meninos. Ele me conta que Amy ligou para Wendy na quarta-feira anterior à sua morte e deixou um longo recado na secretária eletrônica.

— Guardei os recados de A — diz ele. — Você gostaria de ouvir?

Respondo que não.

— Entendo. Mas se mudar de ideia me avise. O recado tem a cara de Amy. Ela estava comprando presentes de Natal para Andrew e Ryan, mas, enquanto falava ao telefone, lembrou que eles talvez pudessem escutar o recado sem querer. Por isso, tentou dizer a Wendy o que eram os presentes sem dar bandeira. É muito engraçado. Não tem nada de triste. Na verdade, fico feliz quando ouço.

Agradeço, mas volto a recusar.

***

Carl, John e eu ficamos no deque em Bethesda no dia seguinte à morte de Amy e choramos muito. Abraçados uns aos outros, formamos um círculo, como paraquedistas; nossas roupas tremulam ao vento. Não me lembro de vê-los chorar desde que cresceram. Não sei ao certo se algum dia eles me viram chorar, salvo em ocasiões sentimentais. As lágrimas de John repousaram em seu rosto. Ele se parece um bocado com Carl, mas suas feições são mais marcadas. Como a irmã, tem um humor sarcástico, mas é proativo e tem o ouvido aguçado para todo tipo de baboseira cultural. Repete clichês numa voz aguda e ao mesmo tempo séria e jocosa, e Ginny e eu contamos com ele para nos manter a par dos filmes atuais. Como Carl, John é delicado com os outros. Também é fanático por esportes e capaz de ameaçar reduzir a tela da televisão a pó sempre que vê uma jogada ruim. Os dois irmãos são muito chegados, como eram com Amy, quase três anos mais nova que Carl e nove anos mais velha que John. A força de caráter da irmã aparentemente civilizou ambos. O problema de uma família unida é que ela também sofre unida. Fiquei ali de pé com meus dois filhos no frio e os abracei, sentindo os ombros de dois homens.

***

Os filhos de Carl ficaram apreensivos devido à morte de Amy. Sabendo que é possível perder a mãe, eles entram em pânico quando Wendy não está em casa, e perguntam sem parar aonde ela foi e quando vai voltar. Eles a esperam junto à janela. Ruminam seus pensamentos sobre Amy. Ryan, de três anos, disse a Carl que gostaria de dar um salto até o céu. Ryan é grande, nasceu com quase cinco quilos, e desde então cresce a um ritmo de gigante. Às vezes se vê como um super-herói com poderes super-heroicos.

— Por que você quer dar um salto até o céu? — perguntou Carl.

— Para pegar a tia Amy e trazer ela de volta — respondeu Ryan.

***

Nem Wendy nem Amy tiveram irmã, mas a encontraram uma na outra. Era uma delícia ouvir as duas rindo e conspirando. Vistas de costas, pareciam gêmeas — mesma altura, mesma estrutura, as cabeças inclinadas uma em direção à outra. Wendy põe a família acima do trabalho, como fazia Amy, e abriu mão de um cargo de alta executiva como analista de políticas de saúde quando teve os filhos. É direta, como Amy, alguém que responde às perguntas que lhe são feitas. Ela também me mantém na linha, do mesmo jeito que Amy me mantinha. Num certo verão, ela me deu de presente um jogo de perguntas desafiador. As duas mulheres, contudo, eram diferentes o suficiente para tornar a amizade entre elas interessante. Em seu elogio fúnebre, Wendy falou da reação divertida e sarcástica de Amy ao papel ecologicamente correto que a cunhada usava em casa. Risa Huber, cunhada de Wendy, também estava presente. Ela pegou uma folha do papel, que se desintegrou ao ser tocada.

— O que é isso? — perguntou Risa.

— Pois é — disse Amy.

Quando Amy morreu, Wendy disse a Carl:

— Estamos todos indignados, mas ninguém está mais do que A.

***

Existem coisas que eu não quero saber e coisas que Ginny não quer saber. Em suas especulações, os médicos que consultamos após a morte de Amy discordavam o suficiente para dar espaço para a angústia. Ginny quer insistir na pergunta para obter uma resposta mais precisa. Eu tenho hesitado. Não quero ouvir quão extraordinariamente rara é a doença de Amy e quão mais raro ainda é alguém morrer dessa doença. Um cardiologista com quem falei logo no início disse na minha cara que, por mais improvável que seja alguém nascer com a estrutura cardíaca de Amy, a anomalia quase nunca é letal. Definitivamente, descobrir que a morte de Amy foi uma em um milhão ou em um bilhão só fará aumentar minha raiva.

Por outro lado, Ginny recusou-se a velar o corpo com o caixão aberto. O diretor da casa funerária perguntou se queríamos o caixão aberto e, como não tínhamos familiaridade alguma com essas escolhas, Harris e eu dissemos que sim — para o velório, mas não para o funeral. Harris, Carl, Wendy, John e eu, bem como os amigos de Amy e Harris, os Hale, comparecemos ao velório. Ginny não. Ela não quis guardar aquela como sua última imagem de Amy. Talvez tivesse razão. A figura no caixão — com o corte de cabelo de Amy, usando o vestido marrom novo, seu predileto, e um xale em tons de marrom e vermelho — parecia menos a nossa filha do que uma sombra dela. Um a um, nos aproximamos para dizer adeus. Por hábito, toquei seus cabelos.

***

Harris comprou para Sammy um saco de pancadas, que pende do teto da sala de brinquedos amarrado a correntes. Quando Sammy não está usando o saco, eu o uso.

***

Ginny e eu nos conhecemos no ensino médio, e isso tem mais de cinquenta anos. Às gargalhadas com meus amigos, ergui os olhos da minha carteira e vi a nova aluna, a primeira garota de treze anos elegante desde os monarcas britânicos. No entanto, ela continua a ser para mim um tanto indecifrável. Não tem vaidade. Quando lhe pergunto sobre isso, ela simplesmente responde:

— Tive a sorte de nascer com um rosto bonito.

O que poderia parecer ultrajante ou tendencioso em outra pessoa, nela soa como uma sincera autoavaliação. Ginny tem, com efeito, um rosto bonito, do tipo que os diretores de cinema das décadas de 1930 e 1940 procuravam. Não se trata do belo rosto da sedutora ou da mocinha ingênua, mas do rosto da virtude inteligente no qual é possível ler qualidades como competência, resistência e aceitação da própria sorte, ao lado de uma velada sensualidade — o rosto da boa esposa e da boa mãe. Claudette Colbert tinha um rosto assim, bem como Joan Fontaine e Irene Dunne. Ginny é mais bonita do que todas elas. Assume a própria beleza como forma de ignorar sua importância. Vaidade é algo inaplicável à sua vida.

Jamais fez uma plástica ou um tratamento com Botox.

— Meu cabelo e minhas unhas são a minha vaidade — afirma, querendo dizer que trata de ambos quando tem tempo.

A questão do comodismo tem surgido entre nós atualmente porque está fora de questão. Antes da morte de Amy, a grande decisão do dia era onde almoçar.

— Nossos amigos vivem por opção — diz ela. — Que opção nós temos?

A pergunta é feita com uma espécie de satisfação, apesar da tragédia que a ocasionou.

— Acho que toda minha vida me conduziu a este momento — comenta Ginny. — Quando Carl nasceu, senti que estava me realizando ao me tornar mãe. É o que adoro ser. Sei quem sou.

Suas decisões maternais não são premeditadas, à semelhança das decisões de um atleta. Quando Bubbies entrar na escola, ela irá levá-lo todos os dias e não deixará essa tarefa a cargo de Ligaya, porque sabe que, por mais capaz que Ligaya seja, Mimi será o mais próximo de uma mãe que Bubbies, Jessie e Sammy terão de agora em diante.

— Eu me sinto bem fazendo o que faço — diz ela. — E nenhum de nós dois seria capaz disso se já não convivêssemos um bocado com eles antes de Amy morrer.

Existem válvulas de escape para Ginny. Ela escreve poemas de vez em quando e tira fotografias. Fundou com Meredith Brokaw um clube do livro que reúne cerca de vinte mulheres notáveis que têm mantido contato desde a morte de Amy. Na festa de aniversário surpresa que fizeram para Ginny, seus brindes foram divertidos e tocantes, mas todos do mesmo tipo — tributos ao seu altruísmo. Ela mantém essas amigas porque, como Amy, elas escutam. Se alguém lhe conta algo, bom ou ruim, ela jamais tenta superar o que ouviu com uma história própria, naquele tipo de competição sem sentido em que muita gente entra. Ao contrário, concentra-se na pessoa que busca sua atenção. Sempre pensei em altruísmo como uma característica que se aprende ou se adota, mas em Ginny ela parece fazer parte da sua informação genética. E agora, na tristeza, ela se sente à vontade.

— Estou levando a vida de Amy — diz Ginny em desespero, mas também como consolo.

Depois de 46 anos de casamento, graças ao mais doloroso dos motivos, estou começando a conhecer minha mulher.

★★★

De volta a Quogue, me encontro com Kevin Stakey, o empreiteiro que Ginny e eu contratamos para transformar a garagem em uma casinha de brinquedo para nossos netos. Queríamos um lugar onde eles pudessem pintar, brincar com argila e com carrinhos de corrida, transformar Transformers e competir em jogos como Uno e War. O projeto foi feito no verão passado, com a participação de Amy, Harris, Carl, Wendy e John. Depois da morte de Amy, construir a casinha de brinquedo virou uma terapia para mim. Como seria bom se ela aprovasse. Foi o meu jeito de trazê-la de volta à vida. Por não conseguir entender por que ela morreu, busquei fazer outras coisas menos perturbadoras. Esvaziei os closets de quinquilharias, pus ordem na caótica prateleira de CDs e limpei uma área do pátio tomada de mato.

Kevin tem quarenta e tantos anos e a estrutura de uma corda forte, do tipo que amarra navios a píeres. Sua cabeça grande ostenta um bigode e um cavanhaque, espesso como uma escova de sapato. Mais baixo que eu, com cerca de 1,65m, ele é duas vezes mais volumoso. Quando apertamos as mãos, a minha some na dele. Kevin recebeu a notícia da morte de Amy como se a conhecesse. Eu lhe digo que, devido às novas circunstâncias, não aparecerei muito dali para a frente. Ele terá de tomar sozinho muitas decisões sobre a casinha de brinquedo.

— Sem problema — concorda Kevin.

— Claro que se você fizer merda eu mando refazer tudo.

— Sem problema.

— E não se meta a besta com o toldo dos Yankees da churrasqueira — aviso. Foi um presente de Natal de Harris. Fã do Mets, Kevin ameaçou afrouxar as amarras para que o vento o levasse embora.

A construção da casinha de brinquedo prosseguiu sem que eu precisasse ajudar muito. Kevin transformou a garagem expondo as velhas vigas do estábulo original, erguendo uma placa de reboco, refazendo as janelas antigas e substituindo o chão de cimento sujo e rachado por madeira lustrosa. Quando terminou, eu lhe disse que o marrom da madeira era muito alaranjado.

— Dá para arrumar?

— Sem problema.

— Me diga uma coisa, Kevin. Se eu pedisse para virar a casinha de cabeça para baixo, de modo que as crianças entrassem pelo telhado, você acharia isso um problema?

— Sem problema — respondeu Kevin. Ele raspou o assoalho, removendo todo o verniz, e depois escureceu-o como eu queria.

***

A apresentação de Harris à família aconteceu em Quogue pouco antes de ele e Amy ficarem noivos. Amy tivera vários namoros no ensino médio e na faculdade, um deles "sério" — um atleta gentil e descontraído, que se entrosou confortavelmente entre nós. Gostávamos dele e de sua família, e podíamos ver Amy casada com o rapaz como uma continuidade do companheirismo tranquilo que tinham. Mas, por menos que pensasse no futuro de ambos, eu tinha a sensação de que aquele não seria um casamento em que um torna o outro melhor, ou se desafiam positivamente, ou em que ambos se preparam para encarar as surpresas do mundo, as agradáveis, as bobas e as trágicas. Jamais fui longe a ponto de imaginá-los com filhos.

Mas quando Harris entrou na vida de Amy, e na nossa, ali estava um marido, um pai e um homem totalmente crescido. Para Carl, John e para mim, Harris foi instantaneamente reconhecido como um dos rapazes, mas havia nele algo a mais, uma espécie de alma secreta. Gente excepcional às vezes é estranha. Harris parecia ter aparado as arestas de suas qualidades excepcionais de modo a impedir que fossem ofensivas ou o isolassem. Vejo algo semelhante em Sammy quando ele tenta descobrir um meio-termo entre seus silêncios particulares e sua graça. Harris entrou na nossa casa levando não uma peça que se encaixa perfeitamente no quebra-cabeça, mas uma ampliação excêntrica do todo. Wendy causara o mesmo efeito em nós mais ou menos um ano antes.

Não que qualquer dessas coisas tenha impedido os homens da casa de transformar a apresentação de Harris num massacre. Nós o arrastamos para o nosso amador, porém bruto, jogo de basquete em duplas, no qual ele se saiu bem, tanto em termos de amadorismo quanto de brutalidade. Depois veio o grande teste. Carl era um fã radical do jogador de basquete Patrick Ewing, o pivô do New York Knicks. Batizou seu labrador de Ewing. Eu gostava do cachorro, mas achava que o Ewing humano — que só passava a bola para os companheiros de time por desespero ou por descuido — era a principal razão de os Knicks jamais terem ganhado um campeonato enquanto ele foi da equipe. Sem declarar nossas posições opostas quanto à questão, perguntamos a Harris o que ele achava de Patrick Ewing. Ele olhou um a um e disse para mim:

— Terrível.

E para Carl:

— Um superastro.

***

Numa noite do verão de 2007, Harris foi à casa de Quogue com Sammy e Jessie. Amy demorou mais para descer do carro com Bubs. Os dois mais velhos entraram correndo, e Ginny e eu os esperamos agachados no chão e os enchemos de beijos e abraços. Tardiamente, me dei conta de que Harris também estava presente. Ergui os olhos. Ele disse:

— Não tem de quê.

***

Harris mantém as emoções, a casa, o emprego e os filhos sob controle porque precisa. De vez em quando, porém, o esforço transparece. Um dia um copo caiu no chão da cozinha e se quebrou. Comecei a catar os pedaços maiores para facilitar o trabalho de limpar os menores com o aspirador. Ele gritou comigo para eu sair da cozinha, para que pudesse limpar o chão. Ele nunca grita. Talvez o cirurgião de mãos tivesse medo de eu me cortar, mas, naquela pequena crise, mais me pareceu que Harris estivesse afirmando a própria autoridade — não devido a uma falta de autoconfiança, mas como forma de impedir que a vida lhe escapasse ao controle.

Ainda assim, a presença em sua casa de outro homem, que, como ele, está acostumado a fazer as coisas do próprio jeito, inegavelmente desafia sua autoridade, mesmo que eu jamais tenha a intenção de desafiá-la. Não desejo ser mais uma fonte de pressão sobre ele. E, mesmo que eu sentisse necessidade de manifestar minhas opiniões, não haveria por quê, já que Harris é capaz de lidar com a maioria dos contratempos. Apenas durante a primeira semana depois da morte de Amy ele contou comigo para tomar a frente nos preparativos do funeral e do enterro. Depois disso, quase dava para vê-lo reunir forças e recuperar o sangue-frio. Sempre forte, porém sem ser gordo, ele deve ter perdido dez quilos nos últimos meses. Reduziu ao mínimo o café da manhã. Para minha tristeza, parou de comer torradas.

Como acontece com todos nós, a dor emoldura cada atividade, e a maneira de Harris demonstrar seus sentimentos é ficando muito calado, como se fechasse uma escotilha. Eu lhe digo sempre que, se quiser conversar, estou à disposição. Ele agradece a abertura, mas responde:

— O que há para dizer?

O que é verdade, porém não totalmente. Catherine Andrews, a psicoterapeuta das crianças, também atende adultos em luto. Meu palpite é de que Harris vá consultá-la mais cedo ou mais tarde, provavelmente mais tarde.

Talvez eu também consulte Catherine, já que a raiva e o vazio continuam a ser os meus principais estados mentais, sobretudo quando estou longe de Ginny e das crianças ou sozinho na casa em Quogue. O que me impede de buscar a ajuda de Catherine é que, ao contrário de outros problemas psicológicos, o que aconteceu com Amy, e com todos nós, é real. O monstro é real. E embora possa haver estratégias que ajudem a mim e a Ginny a nos sentirmos um pouco melhor em vez de um pouco pior, jamais nos sentiremos bem outra vez. Nenhuma análise ou terapia vai mudar isso. Acho que Harris sabe disso também. Está habituado a se virar sozinho, mas jamais poderia imaginar as profundezas da sua atual solidão. Ela machuca e o deixa confuso. Ele pode parecer enigmático porque agora vê que o curso de sua vida — não muito diferente da de Ginny — preparou-o para viver sem uma fonte principal de felicidade e o transformou num enigma para si mesmo.

***

Em um raro momento de tranquilidade numa tarde de março, sento-me no sofá verde na parte inferior da sala de brinquedos e releio *O turista acidental*, de Anne Tyler. São umas quatro e meia da tarde, e a claridade do dia acabou. Jessie desce e pergunta por que estou tão calado.

— Estou lendo — respondo.

Ela pega um dos livros na mesinha da frente do sofá e se senta ao meu lado, esticando as pernas compridas diante de si. Ficamos ali em silêncio, lendo, a uns cem metros de onde Amy caiu morta. Ergo o olhar de vez em quando, depois volto ao livro.

Sammy desce correndo e quer saber onde está sua roupa de cavaleiro. Por incrível que pareça, meus olhos encontram a fantasia, que consiste em uma calça prateada, uma cota de malha, um escudo, uma espada e um capacete com visor. Sammy a veste na hora, baixa o visor sobre o rosto e desfila de um lado para outro, em frente ao sofá.

Jessie larga o livro e põe para tocar uma canção do disco *High School Musical 2* no último volume. Dança em frente ao sofá enquanto sir Sammy marcha. Bubbies desce as escadas com Ligaya em seus calcanhares. Ele dança também.

***

Bubbies está se aproximando mais de mim. Entre os adultos da casa, fico num distante quarto lugar em seu afeto, depois de Harris, Ginny e Ligaya, e ele continua a me encarar atentamente, como um showman amador. No entanto, pouco a pouco meu neto detectou que tenho certas utilidades práticas, além de preparar torradas. Assim, desde que eu fique no meu lugar e desempenhe as poucas tarefas das quais sou capaz, está tudo bem.

Adoro a voz dele. Ele fala como imagino que Paul Newman falava quando era pequeno — com um ligeiro cicio rouco —, e cada afirmação que faz é autoritária. Suas *perguntas* são autoritárias. Também tem um bom ouvido e pronuncia com clareza cada sílaba das palavras. Às vezes soa como um estrangeiro aprendendo a falar inglês: dá ênfase a todas as sílabas. Ele chama a irmã de "Jé-sí-cá". Se eu digo: "Jessica vai dividir a água dela com você", ele diz: "Obrigado, Jé-sí-cá."

Ginny franze a testa desaprovando minhas brincadeiras brutas com ele, mas fiz o mesmo com Carl, Amy e John. Brincamos de "menino de cabeça para baixo", que é o que o nome descreve. Eu o seguro de ponta-cabeça acima da cama e o balanço pelos tornozelos. Também brinco de "menino voador", quando deito de costas na cama com as pernas erguidas e o balanço com os pés. E emito o "guincho", meu sinal de abertura para uma rápida sessão de cócegas. Esses ataques são recebidos com alegria, salvo quando ele está entretido com alguma atividade importante — subindo no sofá a fim de dar um salto ou "limpando" o chão com um pedaço da mangueira do aspirador de pó. Caso, durante uma dessas missões, eu o agarre e solte meu guincho, Bubbies protesta — "Não, Boppo!" —, como se me lembrasse de que não é um brinquedo. Se me comporto, e não há ninguém mais interessante por perto, ele sobe no meu colo e segura meu rosto entre as mãos.

***

Este é um livro para Bubs: *Little Fur Family* [A pequena família peluda], de Margaret Wise Brown. Os desenhos de Garth Williams são esfumaçados, em cores poeirentas e pastéis. Sua simplicidade lhes dá vida: a casa da família peluda na árvore, as janelas com cortinas e persianas verdes, a porta vermelha e o telhadinho verde, o riacho próximo e seus peixes serenos e os membros da família, que parecem ursos, mas têm um quê de porcos-espinhos. Bubbies estuda as figuras enquanto leio o trecho em que o filhote peludo espirra e acorda o avô, que mora num tronco oco. O avô surge desgrenhado com expressão aturdida. Seu pelo, malcuidado, é grisalho. Bubbies estuda o desenho, e depois a mim.

O avô sai do tronco oco e diz:

— Saúde, meu netinho, toda vez que você espirrar... Atchim!

O filhote peludo responde "Saúde" e segue em frente "pela mata ora escura, ora ensolarada". Bubbies gosta do jeito que o livro começa: "Era uma vez uma pequena família peluda, quentinha como uma torrada."

***

A Palavra do Dia é "considerar". Foi escolhida porque Jessie e Sammy andam implicando demais um com o outro ultimamente. Não suportam ser interrompidos. Quando um adulto se faz de juiz e decide a favor de um dos dois, o outro grita: "Não é justo!" Quero que eles façam a associação entre "considerar" e "ter consideração". Junto as duas palavras num post-it na hora do café da manhã.

— Se "considerar" significa pensar em alguma coisa, o que significa "ter consideração"? — pergunto.

Eles não respondem.

Insisto:

— Ora, "considerar" significa pensar em algo. Logo, em quem vocês pensariam se tivessem consideração? — indago.

Silêncio.

— Se consideramos alguma coisa, pensamos numa ideia ou num problema. Mas quando temos consideração, pensamos em...

Sammy intervém:

— Boppo? Será que você pode nos dar licença?

***

Ginny e eu temos tentado reduzir o tamanho da pilha de cartas que recebemos — mais de oitocentas até agora. Harris, Carl, Wendy e John receberam outras quatrocentas, sem contar os e-mails. As cartas continuam chegando, enviadas por amigos, meus atuais e antigos alunos, colegas de Amy da escola e da faculdade, colegas e pacientes de Amy e Harris. Kate e Jim Lehrer, amigos de toda a vida que cederam sua casa para a recepção pós-enterro e que continuam, desde então, a nos cobrir de atenções, nos recomendaram uma gráfica que imprime cartões de agradecimento. Trabalho para Jim no telejornal noturno *The NewsHour* há 23 anos e vi os Lehrer ajudarem outros ao longo da vida com a maior delicadeza. Em nossos momentos de folga, Ginny e eu escrevemos algumas palavras de agradecimento nos cartões. Esse exercício dá a sensação de abraçar todos aqueles com quem já convivemos, de fazer uma retrospectiva de uma história de amizade. Peter e Judy Weissman, nossos amigos mais antigos, passaram quatro ou cinco semanas conosco. Peter, um endocrinologista, ajudou Amy a estudar química orgânica durante sua preparação para os exames de admissão da faculdade de medicina. Outros amigos também nos visitaram aos fins de semana, como os Hale, cujos filhos, Dylan e Ryan, são amigos chegados de Jessie e de Sammy. No dia em que Amy morreu, Liz e James pegaram um avião em Nova York e chegaram aqui antes mesmo de nós, antes mesmo de Carl e Wendy.

Meu irmão Peter veio de trem de Nova York. A mãe de Ginny, Betty, tentou encarar a viagem, mas sua saúde frágil não permitiu. Os irmãos de Ginny, Lee e Ricky, vieram. Lee veio com a mulher, Nancy, e os dois filhos adultos, Lee e Sarah. Gente boa e reservada, eles ficaram ao nosso lado, estupefatos e desolados. Sarah trouxe para Jessie seu primeiro Webkin, um bicho de pelúcia usado num jogo interativo de computador. Dee, Howard e Beth, além de Rose e Bob, apareciam com frequência e ajudavam com as crianças. Generosidade atrás de generosidade. Robyn Newmyer e Kay Allaire, amigas de Ginny, trouxeram o carro dela lá de Quogue, para que pudesse ser usado em Bethesda. Os amigos telefonavam com frequência e mandavam livros e brinquedos para os meninos. No dia seguinte à morte de Amy, Coleen Carone, professora de Jessie, fez uma visita e na mesma hora reuniu Sammy e Jessie e mais sete ou oito crianças à sua volta, formando um círculo para confeccionar um buquê de flores de papel para Amy. Vários anos atrás, publiquei um livro chamado *Envelhecendo com elegância*, e uma das coisas que escrevi foi "Ninguém está pensando em você". Errei novamente.

Como esbanjava atenção com todos que encontrava, Amy fazia amigos com rapidez — desde gente que conheceu enquanto passeava com os filhos na vizinhança e as enfermeiras na penitenciária juvenil onde trabalhava uma vez por semana até o capitão Ehab, administrador do serviço de automóveis que ela às vezes usava; os funcionários do hospital, o guarda da esquina, a vendedora da seção de sapatos infantis de uma loja de departamentos, o homem da empresa de dedetização. Essas pessoas lotaram a capela funerária, onde as portas foram mantidas abertas para que os que não puderam entrar conseguissem acompanhar a cerimônia. Cerca de cem delas permaneceram nos degraus de pedra sob frio intenso. Amigos e colegas meus vieram da Stony Brook. Amigos e ex-colegas vieram de Harvard, bem como do *New Republic*, do *Washington Post*, da *Time* e do *NewsHour*, onde trabalhei da década de 1970 à de 1990. Amigos da família vieram do Texas, de Ohio, da Califórnia, do México, de Nova York, de Massachusetts, da Virgínia, da Pensilvânia, da Flórida e do Kentucky. Um velho amigo veio de avião de Oslo. Erik Kolbell, um amigo da família e ministro congregacionista que conduziu o funeral disse aos mais de quinhentos presentes:

— Que melhor lembrança poderia haver da luz inconfundível de Amy do que agora iluminarmos as vidas uns dos outros? Eu nunca soube que tínhamos tantos amigos — completou ele, olhando à volta.

— Nem eu — acrescentei.

Amizades são renovadas, amizades arranhadas são restauradas, novas amizades são feitas. Ligo para o reitor Anthony Grieco, da faculdade de medicina da Universidade de Nova York. Dean Grieco é diretor do departamento de ex-alunos e responsável pelo Fundo Amy Rosenblatt Solomon para Bolsas de Estudo. Pergunto a ele como a faculdade pretende usar o dinheiro, cuja quantia descobri que cresceu consideravelmente com contribuições de mais de 250 pessoas. Ele me responde que o fundo distribuirá recursos para bolsas distribuídas exclusivamente a estudantes carentes. Amy aprovaria. Digo-lhe o quanto somos gratos pelo cuidado demonstrado por ele e pela faculdade. O reitor Grieco, que também é professor de medicina, se recorda de Amy como aluna.

— Não há dia em que eu não pense nela — diz ele.

***

Em seu elogio fúnebre, Carl mencionou que, quando alguém morre, dizemos que a pessoa está em um lugar melhor. Acrescentou que não acreditava nisso em relação a Amy:

— O melhor lugar para você — disse ele, olhando para o caixão — é bem aqui.

Ele começara seu discurso dizendo que era capaz de ouvir Amy lhe dizendo: "Vê se não estraga tudo."

***

A semana do enterro de Amy se revelou difícil, mas não totalmente desprovida de distrações. Na capela funerária, fomos recebidos por uma mulher bastante animada, que perguntou se queríamos que lavassem nosso carro como um serviço extra. No cemitério, fomos conduzidos num tour, bem semelhante a uma visita a uma casa que se encontra à venda, por uma senhora de cabelo flamejante que apontava os principais pontos do lugar, como a lápide de um astro do rock que cometera suicídio e o túmulo do sujeito que servira de inspiração para Caco, o Sapo — ou do próprio Caco, é difícil determinar. Por acaso, o local que escolhemos ficava na área judaica do cemitério, cujo acesso, informou a mulher, era restrito àqueles "de sangue judeu". Garanti a ela que isso não me faltava. Ouvi John dizer a Carl:

— Não se trata de saber *se* o papai vai perder a calma, mas *quando*.

Quando a previsão de John estava para se concretizar, a mulher mencionou que também perdera um filho.

Fico me perguntando se o fato de ter uma religião torna a morte mais aceitável, já que ali se encontram estabelecidas formalidades supostamente protetoras para lidar com ela. Ginny e eu nunca seguimos qualquer religião e criamos nossos filhos assim. Ginny foi criada no meio episcopal. Casamos numa igreja unitária em Nova York. Quando visitei a igreja pela primeira vez para conferir se era adequada para nós, eles estavam dedicando uma fileira de bancos a um gato, o que selou o negócio. Carl e Wendy, que nasceu católica, não seguem religião alguma, o mesmo caso de Amy e Harris. Tivemos uma cerimônia semelhante a um velório na véspera do enterro, e, quando recebemos os amigos em casa, foi parecido com o ritual judaico do luto. Esses eventos, porém, simplesmente aconteceram, e Deus não estava conosco.

***

Sem olhar, pego uma caneta para escrever um bilhete de agradecimento por uma carta de pêsames. Aperto o botão no topo da caneta, e uma vozinha fina canta: "Nobody's perfect/ I gotta work it". Está sorrindo para mim, do alto do corpo da caneta esferográfica musical rosa e roxa, o rosto irreprimível de Hannah Montana. Pego outra caneta.

***

Poucas coisas fazem Jessie e Sammy mais felizes do que ouvir histórias de quando Amy era garota. Os dois se interessam por Amy como adolescente em Nova York, onde moramos nos anos 1980 e parte dos anos 1990. Ela era uma corredora veloz no ensino médio. Ganhava de Carl e John sem perder o fôlego. E era dura na queda. Os irmãos costumavam convidá-la para um jogo pós-jantar chamado "Implicando com Amy". O fato de ela aceitar prontamente o convite era um sinal de desdém.

As crianças demonstravam um interesse ainda maior em saber como era a mãe quando criança, na idade deles. Sua notória graciosidade. Quando Amy fez quatro anos, deixou Carl tão perturbado pela atenção que ela chamava com seu vestido de festa que ele se atirou na lata de lixo.

Amy e o beisebol: ela adotou o Kansas City Royals como seu time.

— Eu gosto do nome — explicou ela.

— Dos Royals? — indaguei.

— Do Kansas City — respondeu.

Amy como espectadora de TV: certa noite a vi extasiar-se quando a Mulher Biônica pulou por cima de um muro e depois de outro.

— Amy — repeti três ou quatro vezes até que ela se virasse para mim. — Como será que ela *faz* isso?

A menina de cinco anos se dignou a responder:

— Ela é biônica.

Amy em perigo: quando tinha uns oito ou nove meses e ensaiava ficar em pé, Carl costumava investir contra ela em seu triciclo. O crime da irmã era existir. Talvez por conta de uma noção de justiça, Carl a alertava para suas intenções de atropelador cantando uma musiquinha atonal que dizia: "Amy pegou o carro, Amy dirigiu até em casa. Só que teve problema. Por isso Carl pegou o volante..." Sem parar de cantar, ele partia para cima da pobrezinha. Ao ouvir o sinal, Ginny ou eu corríamos para erguê-la do chão, em geral antes que o veículo a atingisse.

Amy dando cambalhotas: seu jeito preferido de se locomover. Certa vez, enquanto eu caminhava atrás dela, curvado sob o peso de três malas, Amy atravessou o Aeroporto Logan dando cambalhotas. Amy no jardim de infância na Escola Sidwell Friends em Washington, onde moramos na década de 1970. Carl frequentou a mesma escola, onde Ginny era professora do jardim de infância e da primeira série. Toda vez que flagrava Ginny com outra criança no colo, Amy cutucava a mãe com o cotovelo para lembrá-la de quem vinha em primeiro lugar. Amy e "O caso do coelho muito estranho": com relutância, compramos de presente pelo seu quinto aniversário um coelho que havia sido rotulado de "coelho anão", mas que cresceu e atingiu um tamanho colossal, quase preenchendo por completo sua gaiola avantajada. Por trás da tela de arame, ele nos contemplava com seus olhos vermelhos. Era branco como a neve. Amy o batizou de Fermento. Amy e Carl competindo. Amy e Carl conspirando. Ele com dez anos e ela com sete, os dois surpreenderam Ginny com um café da manhã na cama no Dia das Mães. Fizeram ovo mexido sem usar manteiga, o que deu ao prato a aparência e a consistência de pele de tatu. Sorrindo e mastigando bem lentamente, Ginny comeu tudinho.

Boppo levando Amy às compras quando ela tinha quatro anos, em busca de um vestido verde da Lacoste (Amy ficou contente quando levei Jessie numa excursão semelhante pelas lojas). Boppo levando Amy para jantar num restaurante, também aos quatro anos, sozinho com ela, que usava um vestido xadrez azul e branco, sapatos pretos e tranças. Fomos ao restaurante Billy Martin's, em Georgetown. O maître puxou a cadeira para Amy. Sentamos e conversamos durante um ou dois minutos. Então, Amy pediu para ir ao toalete. Voltou para a mesa, mas de cinco em cinco minutos ia ao banheiro. Não porque tivesse necessidade, mas porque se sentia sofisticada fazendo isso.

Uma das histórias favoritas de Jessie tem a ver com Amy aos três anos, quando morávamos na Dunster House em Harvard. Era um sábado de manhã, e eu estava de saída para um encontro de uma comissão que concederia bolsas de estudos em Cambridge, na Inglaterra. Na mesa do café, eu disse às crianças que se tratava de um prêmio muito antigo — provavelmente chamei mesmo de prêmio —, mais antigo que o próprio país, e que os rapazes que o recebiam eram muito especiais. Amy, com seus três anos, ficou indignada. "E as meninas?", perguntou ela.

***

Eu achava fácil ganhar de Amy numa corrida. Dávamos a largada numa trilha de meio quilômetro e, quando ela disparava e estava prestes a me deixar comendo poeira, eu fazia uns vinte metros de jogging, pegava um atalho e aguardava para vê-la franzir o rosto com desprezo na chegada. Nada de mais.

***

Quando Wendy estava grávida de Andrew, Ginny fez um chá de bebê para a nora. Pediu a Amy e a todas as convidadas para escreverem sobre uma lembrança agradável da infância, para reunir tudo num livro que daria a Wendy. Amy escreveu: "Uma das minhas lembranças favoritas da infância é de quando eu saía para jantar só com meu pai. Eu me produzia toda, e íamos a pé até Georgetown, ao restaurante Billy Martin's. Eu adorava a euforia de me sentir tão adulta. E adorava estar só com meu pai. A melhor parte, claro, era deixar Carl em casa."

***

— Ginny é perfeita, não? — diz um de nossos amigos ao observá-la trocar a fralda de Bubbies e ajudar Jessie num dever de casa, ao mesmo tempo que administra uma crise "me recuso a usar este casaco" de Sammy.

— Ninguém é perfeito — discordo, e conto a ele uma história que ilustra o meu ponto de vista, bem como o de Hannah Montana.

Morávamos em Cambridge. Carl tinha cinco anos e Amy, dois. Era Sábado de Aleluia, e o Coelho da Páscoa logo faria sua visita noturna. Carl se mostrava apreensivo diante da ideia de um mamífero grandalhão que põe ovos perambulando pela casa. Às onze da noite, Ginny e eu fomos dormir. Carl saiu do seu quarto e indagou:

— O Coelho da Páscoa já chegou?

Respondemos que não, e ele voltou para a cama. Por volta de uma da madrugada, Carl voltou ao nosso quarto.

— O Coelho da Páscoa já chegou?

— Não — respondemos.

— Volte para a cama — disse Ginny. — A gente procura os ovos de manhã.

Às duas, lá estava novamente Carl com a mesma preocupação. Acho que ele não dormiu naquela noite. Reprise às três. Às quatro, mais uma vez ele nos acordou. Antes que fizesse a mesma pergunta, Ginny se sentou na cama e gritou:

— Não existe porra nenhuma de Coelho da Páscoa!

Em vez de se assustar com o fato de a mãe usar uma palavra que provavelmente jamais usara antes, uma expressão de alívio tomou conta do rosto de Carl, que voltou, todo feliz, para a cama.

***

Uma história de Amy que não conto a Jessie e a Sammy diz respeito à época em que estávamos de mudança de Cambridge para Washington. Havíamos solicitado matrícula para Carl e Amy em várias escolas, inclusive em uma que tinha fama de metida à besta, pela qual tínhamos pouco interesse, mas não podíamos deixar de fora. No táxi, a caminho das entrevistas das crianças nessa escola, Ginny e eu percebemos que tínhamos esquecido Nanny, a mantinha protetora de Amy, no hotel. Passado um tempo, Amy também se deu conta do fato. Nanny, embora reduzida ao tamanho de uma tampa de caixa de fósforos, não tinha perdido nenhum de seus superpoderes.

— Cadê a Nanny? — perguntou Amy. Ela tinha três anos e meio.

Respondemos que a tínhamos esquecido no hotel, mas que ela não precisava se preocupar, pois falaríamos com o pessoal da escola e voltaríamos ao hotel o mais rápido possível. Amy recebeu de cara amarrada a notícia do nosso erro, já que a ideia era que Nanny aliviasse a tensão de situações como aquela. Quando chegamos para as entrevistas — a de Carl para a segunda série e a de Amy para o jardim de infância —, uma mulher cuja atitude confirmava a reputação esnobe da escola apareceu e levou Amy, mal-humorada, com ela. Terminada a entrevista, Amy parecia mais mal-humorada ainda e teve problemas para enfiar os braços nas mangas do casaquinho verde. Na saída, ainda lutando com o casaco, ela disparou na nossa frente corredor abaixo, resmungando "Merda! Merda! Merda!" em voz alta — linguajar que sem dúvida aprendera com a mãe. A escola aceitou Carl.

* * *

No primeiro semestre, ministro apenas uma oficina de redação sobre romance, e por isso parto de carro para Long Island no domingo, dou aula na segunda e volto na segunda à noite ou na terça-feira. A viagem de Bethesda até Quogue parece mais longa do que a da volta. Eu a dividi mentalmente em partes, a fim de ajudar a passar o tempo. O primeiro e mais longo trecho vai de Bethesda até o pedágio de Nova Jersey, passando por Maryland e Delaware, e costuma levar uma hora e 35 minutos, quando não sou obrigado a parar. Do extremo sul do pedágio até a ponte Verrazano levo mais ou menos uma hora e meia. O cinturão rodoviário no Brooklyn me toma 25 minutos, e a Via Expressa Sul, que se estende até a parte leste de Long Island, outros 35. O último trecho da viagem, que vai da Sunrise Highway até as estradas ligadas a Quogue, leva cerca de quarenta minutos. Quando uma emissora musical sai do ar, sintonizo em outra, tendo predefinido as estações para cada parte da jornada. Música clássica até o pedágio, jazz para atravessar Nova Jersey e entrar no Brooklyn, música clássica de novo durante quase todo o restante do caminho, até os últimos quinze minutos, quando passo a escutar rock. Estou aprendendo um pouco sobre música clássica enquanto viajo. Desenvolvi um mau julgamento de Telemann e uma ótima opinião sobre Handel e Haydn. Em termos de emoção, posso encarar praticamente tudo, menos Rachmaninoff, em especial sua segunda sinfonia.

Conversas telefônicas sem ocupar as mãos com Carl e John, com meu irmão Peter, com Pete Weissman, com a amiga de toda a vida e assistente, a artista Jane Freeman, e com o meu amigo e colega de Stony Brook, Bob Reeves, me ajudam a tolerar a viagem. Tento me manter alerta aos perigos de dirigir durante tanto tempo, embora às vezes eu me perca em devaneios. Sempre que me sinto sonolento, paro no acostamento e cochilo alguns minutos, mas isso quase nunca acontece. Shirley Kenny, a presidente de Stony Brook, depois de tomar conhecimento do meu esquema de viagens, me mandou uma carta me aconselhando a não permitir que a mente divague na estrada. Dez anos atrás, ela e o marido, Bob, perderam o filho de 37 anos, Joel, para a leucemia. Sua carta, que me lembrava das consequências práticas do luto, chegou uma semana após eu ter avançado um sinal vermelho — pela primeira vez na vida.

Tento reduzir minhas paradas a duas: uma na primeria saída do pedágio, durante a qual tomo um café longo com um pãozinho de passas no Starbucks, e a outra na Saída 11, para abastecer o carro. No ponto em que a estrada após o pedágio se divide, sempre pego a pista para carros e caminhões, nunca a exclusiva de carros. Como faço a viagem aos domingos, encontro poucos caminhões, e o tráfego flui bem. Os artifícios para mudar de pista durante a viagem se tornaram rotina.

Quando, finalmente, viro a esquina da nossa rua em Quogue, sempre me surpreendo ao ver a nossa casa. Estaciono na entrada. Ao entrar, acendo a maior parte das luzes.

***

Carl me liga do celular quase todas as manhãs a caminho do trabalho. Eu ligo para ele mais para o meio do dia e também falo com John. Carl e John falam um com o outro e também com Ginny. A família sempre entrava em contato antes da morte de Amy, mas a frequência das nossas conversas aumentou desde então. Aparentemente queremos nos assegurar do bem-estar uns dos outros. Assumi o papel de preocupado-mor, o que não me é típico. Antes, a menos que houvesse algum motivo especial, eu nunca me preocupava com coisa alguma. Agora, o acontecimento mais simples e casual que envolva a família me deixa ansioso. Me preocupo quando algum parente faz uma viagem. Me preocupo quando os filhos ou os netos pegam um resfriado. Me preocupo com o fato de John andar a pé à noite em Nova York. Basta Ginny mencionar uma dor no joelho direito para que eu fique preocupado.

Por insistência minha, John providenciou uma angiotomografia coronariana a fim de se assegurar de que não tem a anomalia de Amy. Carl fez a mesma coisa. As chances de que um deles corresse esse risco eram mínimas, mas, se fosse o caso, existem medidas corretivas a serem adotadas pelos cardiologistas. Por ser o nosso caçula e viver sozinho, eu geralmente me preocupo com John, mas tento não demonstrar. Quanto mais me esforço, mais ele percebe. John tolera minha ansiedade com bom humor. Pergunto se ele quer que eu o acompanhe ao radiologista. Só se você comprar um brinquedo para mim — responde ele.

***

Ao longo do inverno e da primavera, mal sobra tempo para qualquer coisa que não seja brincar, tomar conta das crianças, dar aulas, servir de motorista e, por volta das nove da noite, dormir. Jessie tem futebol; Sammy, uma festa. Jess e Sammy jogam tênis; Sammy tem um compromisso com um amiguinho, e Jessie, aula de espanhol. Bubbies faz "ginástica" (uma hora durante a qual os bebês engatinham num assoalho bem-encerado, indiferentes aos comandos de um "instrutor", e dão trombadas uns nos outros). Jessie começou a tocar piano.

Quando morávamos em Washington, eu escrevia uma coluna semanal no *Washington Post*. Numa crônica chamada "Sem festas do pijama", me queixei, como pai, sobre o que na época era a prática recente de entupir o dia de uma criança com aulas e vida social. Recebi mais cartas desaforadas do que em resposta a qualquer coisa que já tinha escrito contra a pena de morte ou a favor do controle de armas. Nitidamente, eu estava por fora, como sempre.

Agora eu agradecia pela agenda pesada das crianças. Entre dezembro e junho, Sammy e Jessie fizeram aniversário, ele cinco, e ela sete, e Bubbies completou vinte meses. Sua transformação parecia um daqueles artifícios de passagem de tempo no cinema. Em abril, comemoramos o aniversário de Amy. Quando sopramos as velas, Harris perguntou a Sammy que desejo ele achava que a mãe pediria que se realizasse.

— Estar viva — respondeu meu neto.

Ele se parece mais com o pai agora, com um rosto que mescla independência e inocência. Jessie tem o perfeito sorriso irônico de uma mulher adulta. Quando Sammy estava revendo a lista de convidados para sua festa, que consistia basicamente em todos os alunos da turma, perguntamos se ele tinha certeza de que queria incluir o briguento da classe.

— Tenho — respondeu Sammy. — Não quero que ele chore.

Quando, numa terrível coincidência, a mãe de uma coleguinha de sala de Jessie morreu de repente, ela disse:

— Ela pode vir morar com a gente.

***

Jessie se senta ao piano vertical na salinha, de costas para mim e para Ginny. Uma gravura de campos de alfazema na Provença com as extremidades gastas está pendurada na parede sobre o piano. O cabelo de Jessie está preso por um elástico turquesa, e ela veste calças pretas e uma camisa branca de manga comprida preta, com uma inscrição no peito: "Color Me Happy" — cada letra de uma cor e de um feitio diferentes. Magdalina, a jovem professora de piano, senta à direita de Jessie, um tantinho para trás, corrigindo o tempo musical. Jessie toca "My Robot" e "Money Can't Buy Ev'rything".

— Um pouquinho mais rápido — diz Magdalina com tranquilidade e resquícios do que parece ser um sotaque russo.

A sala é uma das muitas da Escola Internacional de Música, que fica num pequeno conjunto de lojas em Bethesda. As crianças vão ali aprender a tocar violino, clarinete e outros instrumentos, além do piano. No longo corredor que leva às salas de aula, a impressão que se tem é a de que existe uma orquestra desordenada afinando os instrumentos.

Magdalina faz anotações nas partituras de Jessie conforme a menina progride na execução. Jamais interrompe a aluna. Quando erra uma nota, a própria Jessie se corrige. Se uma peça precisa de mais prática, Magdalina diz isso a ela. Jessie se senta ereta. Quando termina uma de suas partituras, cuidadosamente a deixa escorregar para dentro de uma maleta preta e pega outra. Ginny e eu olhamos para suas costas e observamos seus dedos enquanto ela toca "Bravery at Sea" e "The Happy Seal".

***

No dia 2 de maio, pouco antes do jantar, Kevin Stakey telefona. Ele hesita e se desculpa. Sua voz falha.

— Eu hoje considero você um amigo — diz ele.

— O que foi, Kevin?

— Meu filho morreu.

Stephen, seu filho de dezoito anos, no primeiro ano da Stony Brook, sofreu um colapso durante uma simulação de regata no campus. Os alunos põem barcos de papelão para flutuar em um lago como parte dos ritos de primavera dos calouros.

— Ainda não sabem qual foi a causa — explica Kevin. — Parece que tem a ver com o coração.

No dia seguinte, vou de carro até a bifurcação norte de Long Island para estar com Kevin e sua família, que eu ainda não conhecia. Sua bela esposa, Cathy, é loira e dona de um rosto largo e receptivo com uma expressão de quem costuma dar conta de tudo — a versão adulta da filha de catorze anos, Laura. A menina me cumprimenta educadamente, assim como Andrew, de nove. Cathy me chama de "sr. Rosenblatt", até eu pedir que pare de me chamar assim. Sentamos na sala imaculada e bem-iluminada da casa cinza de dois andares que Kevin construiu, e os dois me falam de Stephen — como ele fazia amigos com facilidade, como gostava de tocar bumbo na banda da universidade. Foi o orador da sua classe na Escola Mattituck. A cada cinco minutos, Cathy me oferece algo para comer. Reconheço esse impulso absurdo de bancar o anfitrião com as pessoas que nos acompanham no luto. O pai de Kevin chega. É um homem enorme, com bem mais de 1,80m e mais robusto que Kevin. Ele se senta conosco, nada diz e acaba levando Andrew para um passeio.

Antes de voltar para Bethesda, digo a Kevin que não se preocupe com o que ainda falta fazer na casa de brinquedos. Dois dias depois, ele volta ao trabalho.

★★★

Ginny tem um acesso de tosse no café da manhã. Dura apenas alguns segundos, mas Jessie congela. Sammy sai correndo da sala.

***

No último dia de aula na pré-escola de Sammy, a Geneva Day dedicou um banco à memória de Amy. Jessie entrou na Geneva dois anos antes, e ano que vem será a vez de Bubbies. O banco foi ideia de Leslie Adelman e Laura Gwyn, e os professores e as famílias dos alunos contribuíram com recursos. Leslie contratou um paisagista para plantar arbustos e tulipas atrás do banco, e Jim Bryla, o empreiteiro que reformou o deck e o porão da casa de Amy e Harris, o instalou. Quando Jim e sua equipe estavam trabalhando em sua casa, Amy enchia a geladeira de refrigerante e fazia almoço para todos. O banco é feito de teca, e três círculos foram esculpidos no encosto, representando os três filhos. Nele também há uma placa de bronze, doada pelo pai de um aluno, em que se lê “Em memória de Amy Solomon, mãe de Jessica, Sammy e James, com afeto”. O banco foi posto próximo a uma cerca no centro do playground, para que os pais possam se sentar e observar, com prazer, os filhos brincando.

A cerimônia aconteceu ao meio-dia de um dia quente e ensolarado no final de maio, a sexta-feira do fim de semana do Memorial Day. Depois do “batismo” do banco, houve brincadeiras e um piquenique para celebrar o último dia de aula. Cerca de 75 pessoas se reuniram num círculo. Entre os oradores estava o professor de Sammy, Ed Bullis, um jovem bem-humorado que entretém os garotos com sua cantoria e que se mantém atento a Sammy desde a morte de Amy. Ele chama Sammy de “Samalama”. A sra. Funk, diretora da Geneva, que também falou, entregou regadores à família para molhar as flores em torno do banco. Jessie, Sammy e Bubbies regaram as tulipas. A sra. Funk e o sr. Bullis disseram que Amy era parte da escola e mencionaram tê-la visto várias vezes no playground, envolvida com os filhos e as outras crianças.

Carl falou, e Harris falou. Harris disse o quanto significava para Amy ser mãe e que isso era a prioridade da sua vida. Ela levava muito a sério a profissão de médica e praticava a medicina para ser útil, disse ele, mas havia aberto mão de promoções e de uma sociedade para dedicar mais tempo aos filhos. Leslie falou. Ela disse:

— Na véspera do dia em que Amy morreu, estive na casa dela, à noite. Percebi que uma vela que eu lhe dera de presente no aniversário de um ano de James continuava ao lado do telefone da cozinha, meses depois. Ela me disse que adorava o perfume da vela e a mantinha ali para poder aproveitá-lo em meio à loucura da sua vida. Brincamos sobre o fato de ela não conseguir encontrar tempo para acender a vela.

Leslie acrescentou que Amy jamais se arrependeu disso e de qualquer outra coisa que não possuísse ou não tivesse feito.

— Para Amy, a vida jamais significou competição — concluiu.

Quando a cerimônia terminou, ninguém se aproximou do banco, como se ele fosse sagrado. Então, um pai caminhou até ele com o filho, bem à vontade. Os dois se sentaram e comeram sanduíches.

***

No fim de semana do Dia da Independência, a família toda foi para Quogue, como acontece todos os anos, comemorar o aniversário de Carl, no dia dois. Esse ano, não só Carl e Wendy levaram Andrew e Ryan para encontrar os primos, como também convidamos Scott Huber, o irmão de Wendy, Risa e as duas filhas, Sydney e Caitlin, que Jessie e Sammy também consideram primas. Em algum lugar na nossa casa acomodamos sete crianças de menos de seis anos e oito adultos, inclusive John. Há uma breve perda de controle emocional por parte de Jessie, que devíamos ter previsto, quando ela se dá conta de que todas as mães estão presentes, com exceção da dela.

— Não é justo! — reclama, chorosa.

Harris se senta com a filha no que se transformou em dormitório infantil.

Ela diz que quer os primos. Carl entra com o restante da garotada e sugere que todos pulem de cama em cama. Jessie lidera o bando.

Jessie não aprova a minha amizade com Caitlin Huber, de três anos. Tempos atrás, Caitlin reconheceu em mim uma alma gêmea solitária e me escolheu como companheiro de brincadeira. Sua ideia de brincadeira é me dar ordens. Ela me entrega livros para colorir e me diz para respeitar as linhas. Quando aprendeu a usar o urinol, disse à mãe que eu deveria esvaziá-lo. Jessie observou sem comentários o nosso relacionamento até esse fim de semana, quando viu que eu levara comigo uma caixa de lenços de papel com a foto de uma princesa.

— O Boppo provavelmente trouxe isso para Caitlin — disse ela a Ginny.

Scott e Risa, ambos médicos, sempre se deram muito bem com Amy e Harris, assim como com Carl e Wendy e com John. Até a morte de Amy, eu os considerava parentes distantes, mas nunca fiz muito esforço para conhecê-los como indivíduos. Agora sinto a necessidade de fazer isso, e de conhecer também as duas irmãs de Risa, Jayme e Allison, bem como os maridos, Michael e Ray, e os pais de Risa, Chuck e Ilene, que sempre fizeram de tudo para agradar a Amy. No fim de semana, as crianças andam de bicicleta e brincam na piscina, para a qual comprei um crocodilo inflável com uma cara genial. Bubbies dirige seu carrinho vermelho e "prepara" cachorros-quentes em seu fogão de mentirinha. Cantamos "Parabéns" para Carl.

Nosso quarto é uma espécie de galeria de retratos de família — Carl e Wendy no dia do casamento deles; Amy e Harris, idem. Há uma foto de Andrew comigo ao piano, dos cinco netos em várias poses forçadas, uma de John de beca e capelo na formatura da faculdade, duas de Amy e Ginny, de rosto colado, parecendo irmãs. Numa foto, Jessie e eu estamos na praia em Quogue. Noutra, Amy e eu estamos numa praia em Cape Cod. Ela tem a idade de Jessie, traz uma toalha em volta dos ombros e parece sentir frio. Uma foto de Amy usando um boné azul de beisebol e segurando Bubbies no colo. Uma foto de Amy com Sammy encaixado no quadril — ela sorrindo, ele curioso. Um retrato de rosto carismático, de Bubbies, com meses apenas, e outro de Amy, aos dois anos, pondo — ou tirando — os óculos escuros de Ginny. As fotos ocupam as paredes, a penteadeira de Ginny, a bancada da lareira, as mesinhas de cabeceira e a cômoda.

De vez em quando, Ginny desaba ao ver uma delas ou algum objeto associado a uma lembrança. Costumo ser mais afetado por situações triviais ou preocupações momentâneas, como escolher uma camisa para vestir ou não me esquecer de tomar um comprimido — já que nada jamais será como antes. No tapete bege diante da cômoda há uma manchinha cor de ferrugem. Ela está ali desde a tarde do dia 8 de dezembro, logo após Ginny e eu recebermos o telefonema de Carl avisando da morte de Amy. Estávamos arrumando a mala com pressa para partir para Bethesda, quando, ao tentar destampar um vidro de aspirina infantil, derrubei no chão os comprimidos. Só fui catá-los semanas depois, e eles deixaram uma mancha.

★★★

Sempre gostamos de Quogue devido ao ritmo que a cidade impõe e preserva — gente reservada cuidando de suas vidas pacatas. Vários amigos de lá fizeram uma viagem para comparecer ao enterro de Amy, inclusive Susie e Denny Lewis. O filho deles, Denny, morreu na Argentina, entre a faculdade e a especialização em medicina, a bordo de um carro dirigido por um motorista irresponsável a toda a velocidade. Dezenas de outros amigos enviaram cartas, e muitos sequer conheciam Amy ou mal nos conheciam. Charlie e Anne Mott ligavam com frequência. O genro, Marc Reisner, morreu de câncer no apêndice em 2000. Anne e Charlie ajudaram a filha, Lawrie, com as duas netas. Andrew Botsford escreveu um tocante obituário no *Southampton Press*, do qual é editor associado. Christine Clifton e sua equipe na Biblioteca de Quogue mandaram uma planta. Aurora Jones da loja de flores Rori conhecia Amy desde que fornecera as rosas para seu casamento. Recebeu-nos aos prantos quando voltamos, como fez Lulie Morrisey, outra amiga que nos abraçou calorosamente na agência dos Correios. Amy costumava fazer sua caminhada até o Mercado de Quogue para tomar café da manhã, empurrando primeiro Jessie, depois Sammy e, por último, Bubbies no carrinho. Conversava com os donos, Bob e Gary, e com os funcionários atrás do balcão — Sue, Gerard, Lisa e a mulher que chamávamos de nossa "outra Ginny". Todos estavam tomados de tristeza. Ginny, que trabalhara no mercado durante vários anos, escreveu um bilhete comovente, e a pequena Sue saiu de trás do balcão para nos abraçar, a cabeça baixa, sem dizer palavra.

Foi Amy que nos trouxe para Quogue. Tínhamos passado parte de dois verões alugando casa em East Hampton e em Bridgehampton, onde a vida social agitada estava começando a nos dar nos nervos. Amy, no último ano da faculdade, trabalhava na lanchonete de um clube de tênis em Quogue, servindo hambúrgueres e sanduíches. Sabia que Ginny e eu andávamos cansados dos Hamptons e que vínhamos cogitando passar os verões seguintes em outro lugar, talvez na Nova Inglaterra.

— Antes de se decidirem — disse ela —, vocês deviam dar uma olhada em Quogue. É a cara de vocês — acrescentou, querendo dizer que era chato.

— Ainda posso vê-la sentada à mesa da cozinha — disse Ginny durante o fim de semana —, cercada por todos aqueles livros de física e de química.

Amy estava se preparando para a especialização em medicina. Não fizera uma única disciplina de ciências na faculdade e só optou pela medicina depois de dois anos como garçonete e balconista de bar enquanto pensava em se tornar atriz. Pedimos a um amigo ator para conversar com ela sobre as exigências e as mazelas da profissão. Amy saiu da conversa de duas horas decidida a se tornar médica. Dissemos ao nosso amigo que se ele fizesse seu minissermão para todo jovem aspirante à carreira de ator, os pais lhe pagariam uma fortuna.

Eu adoraria que meu pai tivesse vivido o bastante para vê-la começar a carreira médica. Demos uma maleta de médico de presente de formatura a Amy. Na lateral da maleta, logo abaixo das alças, estavam as iniciais do meu pai em letras douradas. Mandamos gravar as de Amy na outra lateral. Quando a presenteamos com a maleta, ela a abraçou e deu um longo suspiro.

★✶★

Em 1996 escrevi um ensaio sobre a natureza dos médicos para a edição da revista *New York* sobre os melhores médicos da cidade. Amy cursava o segundo ano de medicina, e eu a entrevistei para a matéria. Perguntei o quanto a medicina havia mudado da época do meu pai para a dela. Amy respondeu que os médicos de antes eram imponentes e misteriosos. O avô "era um *doutor*", disse. "Eu serei apenas uma médica."

— Por que a imponência dos médicos não aumentou depois de tudo o que a medicina realizou nos últimos anos? — indaguei.

— É estranho — respondeu ela. — Os médicos costumavam ser infalíveis quando sabiam muito pouco. Agora que sabem muito mais, isso funciona contra eles. Quando algo dá errado, as pessoas pensam "Ora, eles deveriam saber disso", e o fato de um indivíduo comum hoje em dia entender tanto de medicina desmistifica a profissão. Buscar uma segunda opinião atualmente é uma prática corriqueira. Ainda assim, parece querer dizer que a primeira pode estar errada. Por outro lado, a morte talvez fosse mais aceita anos atrás. Hoje as pessoas não acreditam na morte. Mas os médicos, sim.

— Será que a medicina é mais um emprego que uma vocação? — perguntei.

— É mais um emprego, sim, um emprego interessante — disse Amy. — Se eu encarasse como vocação, acho que ficaria decepcionada. Mas o trabalho em si é fascinante. A energia propulsora dos médicos é simplesmente "não saber".

Momentos de "não saber" podiam ter consequências dolorosas. Lembro o rosto do meu pai abatido e impotente quando um paciente que ele vinha tratando havia muito tempo morreu de câncer no pulmão, a sua especialidade. Lembro o rosto de Amy alguns anos atrás depois da morte de um paciente, uma criança de um ano e meio que nascera prematura com vários problemas de desenvolvimento relacionados à hidrocefalia. Uma válvula ventricular-peritoneal havia sido implantada em seu cérebro para aliviar a pressão com a drenagem do excesso de fluidos para o abdômen. A mãe biológica tinha sido negligente com a criança, mas a adotiva, por quem Amy tinha respeito, era cuidadosa quanto aos check-ups. Uma infecção surgiu no implante. Os sintomas mal eram detectáveis, como em geral acontece com bebês que sofrem de atraso no desenvolvimento. Os médicos muitas vezes dependem de um sexto sentido treinado para identificar perigo, já que quase sempre lidam com doenças comuns. Um pediatra vê, basicamente, fraturas, feridas, hematomas, cortes, resfriados e infecções.

Harris me disse: "Ela levou um baque quando a criança morreu. Tinha um sexto sentido formidável, mas achou que ele tinha falhado. Culpou-se por isso."

Tudo que Amy queria da medicina, como afirmou na entrevista para o artigo da revista *New York*, era "fazer as pessoas se sentirem melhor". A amiga Liz Hale, uma dermatologista, me disse: "Numa única noite, Amy me ensinou mais sobre como acalmar um bebê chorando do que todos os profissionais da área que consultei."

A colega pediatra, Gail Warner, comentou: "A maioria dos médicos é inteligente, mas Amy também tinha bom senso. Eu costumava procurá-la para resolver *meus* problemas."

Amy também dava valor às maravilhas da ciência em seu trabalho. Andrew tinha acabado de nascer, e estávamos todos no quarto do hospital com Wendy, quando Amy pegou o recém-nascido no colo, virou-o de costas, para um lado e para o outro, e o estudou como um fotógrafo segurando um negativo contra a luz.

* * *

Amy foi responsável pela compra da minha torradeira em Quogue. Substituiu outra que ninguém além de mim tolerava, já que era preciso configurá-la com precisão, ou as torradas queimavam, ou não torravam, ou apenas torravam de um lado. Amy odiava aquela torradeira mais do que todo mundo por causa do prejuízo que causava aos bagels. Eu defendia o utensílio, sobretudo devido à sua aparência *art déco*. Era moderna, cromada e arredondada nas pontas. Amy, porém, priorizava a realidade sobre a aparência e, quando pensou num presente de aniversário para mim, convenceu Harris, Carl, Wendy e John de que todos deveriam fazer uma vaquinha e comprar a nova e cara torradeira "profissional" Viking, que funcionava. Tem a opção "morno" no mostrador e um formato mais quadrado do que a velha torradeira, que guardei para uma emergência. A velha também serve como torradeira auxiliar, quando preciso atender todas as crianças ao mesmo tempo. A nova, porém, é a minha melhor torradeira.

***

Passado o fim de semana do Dia da Independência, Ginny, Harris e as crianças voltaram para Maryland. Jessie e Sammy estão ansiosos para voltar a jogar Nintendo Wii, um video game de realidade virtual que Harris deu a eles no início do verão. Preciso ficar em Quogue para a Conferência dos Escritores em Southampton, na segunda metade do mês de julho. Os escritores, que também ministram oficinas, pagaram para ouvir as leituras vespertinas. Este ano farei dupla com Frank McCourt, que lerá sua primeira obra de ficção. Eu tinha pensado em ler um trecho do meu romance *Beet*, lançado em fevereiro, mas enquanto procurava alguma coisa num emaranhado de trabalhos acadêmicos, tropecei num ensaio que escrevi para a *Time* 21 anos atrás chamado "Discurso para um formando do ensino médio". Foi uma tentativa de elaborar um discurso de abertura literário, escrito em homenagem a Amy. Publiquei ensaios similares na *Time* para Carl e John por ocasião de suas formaturas no ensino médio, usando a alegoria do pai que dá aos filhos seu discurso pessoal, pensando no futuro deles.

Decidi ler o ensaio em lugar de trechos do meu romance. Eu não faria isso para uma plateia de estranhos, mas Bob Reeves, o presidente da conferência, criou uma atmosfera familiar ao longo dos anos, e os participantes desenvolveram certa intimidade. Quando Amy morreu, Billy Collins nos escreveu: "Às vezes não *existem* palavras." Frank, Matt Klam, Lou Ann Walker, Meg Wolitzer e outros estavam sempre em contato conosco. Melissa Bank mandou um pequeno pacote com um lenço estampado de flores para Ginny, fitas de áudio com contos para minhas viagens de carro e uma velha anedota que ela encontrou anos atrás na entrada de um restaurante na Toscana e que lhe trazia conforto. Não acho que o ensaio para Amy será inapropriado. Assim, quando Frank termina sua leitura, leio o que escrevi quando Amy tinha dezessete anos. Eu gostaria de saber quantos dos meus desejos para ela se tornaram realidade — seu amor por viagens, por animais, por música, seu encanto pela história, o entusiasmo pelo esporte, o respeito pelas tradições. Desejei que fosse feroz na luta, mas insisti para que não se apegasse a amizades corrosivas. Desejei que amasse seu trabalho, predizendo que ele teria algo a ver com "ajudar os outros". Desejei-lhe momentos de solidão produtiva e amigos valiosos, embora no caso dela esse fosse um desejo supérfluo. Desejei para ela o prazer de uma conversa espirituosa com um estranho e momentos de alegria incontrolável. Desejei-lhe uma vida num lugar onde fosse possível ver uma nesga de céu. O ensaio termina com a promessa de jamais deixá-la afastar-se de mim.

* * *

Ginny voltou a Quogue para a abertura da conferência. Logo terá de retornar a Bethesda, onde Jessie e Sammy já estão numa colônia de férias, que vai até o fim do mês, mas por alguns raros dias temos a companhia um do outro. Ao cair da tarde, fazemos uma caminhada. Nós nos sentimos mais velhos e menores do que quando estamos com os netos. O céu é laranja e cor-de-rosa; as ruas estão vazias, a não ser pelo som das crianças em suas casas. Falamos da campanha presidencial e das notícias na mídia.

Nos verões anteriores costumávamos caminhar até a beira do mar, a cerca de seiscentos metros de casa. Ou íamos apenas até a ponte sobre o Canal Shinnecock, e dali voltávamos. Esta noite vamos ficar nas ruas que correm como afluentes para a água. Estamos familiarizados com essas casas velhas e confiáveis, embora não com todos os seus moradores. Conhecemos algumas intimamente, pois as visitamos quando se encontravam à venda. A nossa não cabia no orçamento quando apareceu no mercado, mas os proprietários tinham três outras casas em diferentes lugares e acabaram aceitando a oferta, o que nos deixou apavorados. Caminhamos até Penniman's Creek, onde a água acaricia as pedras.

— Estou pensando em comprar um caiaque — digo a Ginny.

— Você sabe usar um caiaque? — pergunta ela.

— Já fiz isso umas duas ou três vezes.

— É perigoso? — indaga Ginny.

— Não. Compro um para você também.

— Acho que vou sentir medo — diz ela.

Eu, então, asseguro:

— Se eu consigo, qualquer um consegue.

Já está quase escuro, e o crepúsculo virou noite. Ouvimos o pop-pop de bolas de tênis. Damos as mãos, do jeito que fazíamos quando começamos a namorar, no colégio. Tomo nota mentalmente de não esquecer de ligar para um lugar em Wainscott que vende caiaques.

Na rua Quogue, passamos pela casa do amigo e vizinho mais próximo, Ambrose Carr, cuja esposa, Nancy, uma mulher gentil e bonita, morreu em novembro do ano retrasado, depois de uma longa doença. Amby, um pouquinho mais velho que nós, tem voz de aristocrata e rosto de galã da década de 1930. Certa manhã, conversamos na agência dos Correios. No início da tarde, ele atravessou o jardim e veio até o nosso para me contar que Nancy tinha morrido enquanto dormia. Quando Amy morreu, ele deixou um recado para mim e para Ginny na secretária eletrônica: "Amo vocês." Atualmente, Amby viaja um pouco, visita os filhos e os netos, cuida do jardim e ouve jazz.

★★★

Em Bethesda, Ginny compõe um poema chamado "Arco de sombra":

Rachmaninoff e Mozart
Em meio à bruma
Em River Road.
Duas mulheres de chapéu aguardam
No calor escaldante o ônibus parador.
O Wii é o desejo de verão
Tornado realidade.
O berço do seu bebê foi desmontado
E levado embora
Aceito
Com gratidão
Para servir de cama para uma nova vida.

Entro na fila da condução
Para a colônia de férias
Pensando somente em você.
O arco da sombra paira
O sol quente de julho brilha
E salpica a folha curva
Para realçar a escuridão.

Eu estou aqui.

★★★

Ginny começou a escrever poemas há três anos e publicou alguns deles. Os poemas se parecem muito com ela. Quase todos começam com a descrição de uma cena agradável, muitas vezes bucólica, e depois dão uma guinada para expressar uma ideia ou um sentimento mais sério. É como se ela nos convidasse a entrar nele e, quando entramos e nos sentimos à vontade, fechasse a porta para revelar o seu real propósito, que, no caso de "Arco de sombra", é "realçar a escuridão". É preciso reler as estrofes para detectar pistas anteriores desse propósito, como a das mulheres que aguardam sob o calor e a do berço desmontado. Alguém poderia dizer "Não imaginei o que viria", mas os sinais estavam lá. O mesmo acontece com Ginny. Seu charme distrai as pessoas do fato de que ela está atenta aos lugares escuros da vida. É sua opção ser assim. Seus poemas vão direto ao ponto, mas de forma suave. Racham o ovo sem quebrá-lo.

***

Todos os cinco netos — Jessie, Sammy, Bubbies, Andrew e Ryan — estão indo para Quogue e vão passar lá a maior parte de agosto. Ligaya também vai, o que garante a nossa sobrevivência. Em dois turnos, as crianças chegam tarde da noite e saem correndo dos carros para a casinha de brinquedo. Já declararam que ela é "incrível".

Kevin construiu para nós um pequeno palco, e uma das primeiras produções das crianças é uma reencenação do reality show *American Idol*. Outra é uma peça baseada na utopia de Moseybane, imaginada por Sammy. Nós a chamamos de "O rei de Moseybane". Harris encomendou as fantasias pela internet: para Sammy (o Rei), Ryan (o Príncipe), Jessie (a Feiticeira) e Andrew (o Cavaleiro). Boppo (o Dragão) e Bubbies (o Narrador) não precisavam de fantasias.

Na noite da estreia (que coincidiu com a noite da última apresentação), Ryan aparece no palco com a mãe, Wendy. Andrew não quis participar a princípio, mas, sob insistência, recita de cor suas falas. A exagerada feiticeira de Jessie tem desempenho idêntico ao de sua personagem no *American Idol*.

O Rei parece pasmo com o próprio poder. Bubbies resolve que sua única fala, "Dookies" — o nome de seu biscoito favorito —, seria mais eficaz se dita da entrada da casa, a quinze metros do palco e com Harris a seu lado. O Dragão precisa abrir mão da sua ferocidade para ler todas as falas, salvo as de Jessie e de Andrew. Apesar dessas diferenças criativas, a plateia — meu irmão Peter, Bob e Beth Reeves e os demais adultos da família — adora. O elenco desnorteado recebe aplausos dos espectadores de pé.

★✱★

Antes do verão, comprei bonés de beisebol de Barack Obama para Ginny, Harris, Carl, Wendy e John, para os cinco netos e para mim. Mandei fazer os bonés numa loja especializada no shopping Tyson's Corner, na Virgínia: bonés brancos com o nome "Obama" em letras azul-marinho — lindos bonés. Numa rápida cerimônia exagerada presenteei cada um com um boné diferente. Harris comentou que ficaria com cara de bobo perante os colegas médicos. John simplesmente disse que ficaria com cara de bobo. Carl observou que ninguém na empresa em que trabalha sabia quem era Obama. Wendy pareceu levemente satisfeita. Cada uma das crianças experimentou o seu por aproximadamente meio segundo e depois o deixou de lado, para nunca mais se lembrar dele. Eu usava o meu com frequência. Ginny, que vinha fazendo uma campanha solitária por Obama nos últimos dois anos, vivia com o dela na cabeça. Distraída pelas crianças, esqueceu o boné na praia certo dia. Na tarde seguinte — embora o boné não tivesse nome —, o salva-vidas o devolveu. Amy teria ficado superbacana com o boné, o rabo de cavalo balançando da abertura na parte de trás.

★✱★

Wendy anuncia à família que está grávida. Jessie torce para que seja uma menina.

★✶★

Com dois clientes adicionais, me transformo num cozinheiro de fast-food e recebo os pedidos, todos descarregados em mim ao mesmo tempo: cereal, sem cereal, cereal com e sem leite; pedidos de leite desnatado e "leite de vaca", minipanquecas e miniwaffles, com e sem açúcar, com e sem manteiga, com e sem mel. Bubbies continua firme em sua preferência por torradas.

Para irritar Sammy, ensino a Andrew e Ryan o "Hino Nacional Boppo". Ryan imediatamente o adota como sua canção predileta (não sei quantas outras canções ele conhece) e o canta a plenos pulmões com a voz já bastante forte. Andrew parece tolerar o hino, mas se mostra cético quanto à letra. Quer saber se sou mesmo incrível. Olho para Sammy, que me lança um sorriso de desdém. A essa altura, Bubbies já tem idade o suficiente para aprender o hino. Jessie, sempre uma boa esportista, adere também, de modo que o clube matinal da euforia conta com o decidido barítono Ryan, o hesitante tenor Andrew, a potente soprano Jessie, o rascante contralto Bubbies, e Sammy, que, numa voz esganiçada, entoa "Sem dúvida ele é mesmo fedido". De repente me ocorre que os outros adultos talvez não aprovem esse exercício de autoengrandecimento, mas esse é o preço a pagar quando se é realmente incrível.

★✶★

Minha raiva, por ser fútil, surge nos lugares errados e nas horas erradas. Uma noite, perco a paciência com Ryan, de três anos. Ryan não só tem um tamanho avantajado e uma voz grave, como também fala como um gângster, o que diverte todo mundo, sobretudo Carl e Wendy. Quando quer água, rosna "Aua!". Ele tinha acabado de dar um encontrão em Bubbies, atirando-o ao chão no corredor do segundo andar. Gritei, e Ryan se encolheu. Agarrou-se ao brinquedo de estimação. Eu o arranquei dele. Exagerei na dose, pedi desculpas. Ele se desculpou e disse:

— Eu queria ter superpoderes para passar voando em cima de Bubbies sem dar um encontrão nele.

Wendy ficou magoada comigo por eu ter pegado tão pesado com Ryan. Sentiu a mágoa em silêncio, o que multiplicou minha culpa. Gosto imensamente de Wendy, que é atenta e carinhosa com Jessie, com Sammy e com Bubs. Entende que mulheres como ela mesma, Liz Hale, Leslie Adelman e algumas outras da idade de Amy estabelecem um elo com Amy. As crianças podem olhar para essas mulheres, lembrar como a mãe era com elas e vê-las como substitutas. Sei que meus netos fazem isso com a tia Wendy. Prometi a mim mesmo acertar os ponteiros com ela, mas nem precisei. Logo depois do meu entrevero com Ryan, voltamos às boas sem que eu precisasse sequer tentar.

* * *

Amy e Harris se casaram na nossa casa em Quogue, em 1998, num daqueles dias de junho radiantes que atraem os artistas para o lado leste de Long Island. Nunca fez diferença para Amy o fato de nós não termos recursos para um casamento imponente como os de suas amigas. Eu lhe expliquei o que era possível. Ela ficou eufórica. Alugamos um grande toldo branco, que tremulava ao vento no pátio da frente. Amy e Harris escolheram uma banda de Nova York que basicamente tocou músicas da década de 1960. Havia blazers azul-marinho, gravatas vermelhas, vestidos azul-marinho com enfeites brancos e muitas rosas brancas. O céu estava claro como cristal.

Perguntamos a Amy que tipo de cerimônia ela e Harris queriam, e ela respondeu que gostaria que Garry Trudeau, um cartunista e amigo da família, os casasse. Depois de pesquisar, descobrimos que o estado de Nova York não permite que cartunistas (nem qualquer outro leigo, aliás) realizem cerimônias de casamento, motivo pelo qual providenciamos duas cerimônias — uma presidida pelo cartunista e outra, oficial, celebrada por Erik Kolbell. Na manhã do casamento, Amy, Ginny e Jane Pauley, a jornalista de TV e esposa de Garry, foram arrumar o cabelo no salão de beleza de Quogue. Jane entregara a Amy um par de brincos de brilhante para usar como "algo emprestado". No salão de beleza, ela disse a Amy que os brincos seriam emprestados apenas até que o casal fosse declarado marido e mulher, após o que passariam a ser dela. Garry disse muita coisa bonita aos dois, antes de declarar aos presentes que estava casando Amy e Harris com o poder que lhe conferia o "estado da Euforia".

No dia seguinte, antes da partida de Amy e Harris para a lua de mel, servimos um *brunch* aos convidados e amigos. Amy e eu fizemos uma caminhada, só nós dois, abraçados. Não me lembro sobre o que conversamos.

***

Bubbies se senta no meu colo no estúdio. Ele entrelaça as mãos atrás da cabeça quando relaxa. Igual a mim. Sentamos ali numa cadeira de couro marrom capenga — na mesma pose, sentados juntos, como pilotos de trenó.

Uma noite ele aponta para a prateleira à sua esquerda e diz:

— Livro — indicando *The Letters of James Joyce* [As cartas de James Joyce], editado por Stuart Gilbert. Parece uma escolha ambiciosa para um garoto de 23 meses, mas pego o livro e o abro diante de nós.

— Querido Bubbies — começo. — Fui à praia hoje e brinquei na areia. Também construí um castelo. Espero que você venha logo brincar comigo. Beijo, James Joyce.

Bubbies demonstra satisfação, motivo pelo qual "leio" outra carta:

"Querido Bubbies,

Fui brincar no playground hoje. Experimentei o escorrega. Fiquei com um pouco de medo. Prefiro os balanços — posso me balançar bem alto, como você.

Beijo,
James Joyce"

Bubbies vira as páginas. Por acaso, me divirto com uma carta inventada próxima da verdade da vida e da personalidade de Joyce.

"Querido Bubbies,

Odeio a Igreja Católica e estou partindo da Irlanda para sempre.

Beijo,
James Joyce"

É curioso que Bubbies tenha escolhido dedicar sua atenção a um escritor que pisaria, com satisfação, num bebê para conseguir uma crítica elogiosa.

Tento devolver o livro à prateleira, mas Bubbies detecta um implícito anúncio da sua hora de dormir e protesta:

— Joyce!

Afinal, ele se conforma com o fim do dia, põe o livro de volta na prateleira e diz baixinho:

— Joyce.

★★★

Quando Bubbies tinha apenas alguns meses, Amy costumava pô-lo sobre os joelhos, prendê-lo com os braços e olhar dentro dos seus olhos com uma urgência indefinida. Então, cantava letras curiosas acompanhadas da melodia de "Frère Jacques", o que agora me leva a pensar se ela não teria uma premonição inconsciente de que não o veria crescer.

Somos homens fortes, somos homens fortes.
Levantamos pesos, levantamos pesos.
Pesos pesados e pesos leves,
Pesos pesados e pesos leves.
Somos homens fortes.

***

Levo Ginny e Jessie de carro a Nova York e me junto às duas para um café da manhã com panquecas e torradas numa lanchonete, e depois sigo meu caminho. Elas vão passar o dia como duas amigas na cidade grande. Sammy terá o próprio dia em breve. De manhã, Ginny e Jessie vão a um cabeleireiro, onde Jessie faz escova e as unhas. A manicure pergunta que cor de esmalte ela quer. Minha neta escolhe um azul metálico.

No início da tarde, as duas partem para a loja American Girl, uma meca para pré-adolescentes na Quinta Avenida. A loja vende bonecas American Girl e seus vestidos e acessórios, roupas infantis para as meninas se vestirem como as bonecas, livros sobre bonecas e bonecas de papel. Lá existe um salão de chá onde a criança pode almoçar ou lanchar com a boneca (por estar lotado, Ginny e Jess almoçam em outro lugar), e um hospital de bonecas. Jessie ganha uma camiseta American Girl, uma camisola branca para ela e uma para a boneca e dois livros. Também compra um jogo de computador para a amiga Oana.

As duas passeiam e conversam, aproveitando a magnitude sossegada de Nova York num dia de agosto. Vão até o lado oeste do centro da cidade, onde amigos nossos, o artista David Levinthal, sua esposa, Kate Sullivan, e o filhinho Sam moram num espaçoso loft. Kate é padeira profissional. Ela e Jess fazem biscoitos juntas, de vários formatos, e Kate dá a Jessie fôrmas para fazer mais. No caminho de volta, Ginny mostra a Jessie a zona do Gramercy Park, onde fui criado, e o lugar onde ela e eu passávamos um bocado de tempo em nossa época de ginásio e faculdade. John encerra o dia de trabalho jantando conosco. Ele sempre foi o queridinho das crianças, que se sentem atraídas por sua delicadeza e discrição. Quando ele surge, Jessie aplaude. Ela considera o dia "perfeito".

***

Carl, Wendy e os meninos voltam para Fairfax, enquanto Ginny, Harris, as crianças e eu passamos mais alguns dias juntos antes do fim do verão. Fico de mão dada com Jessie a beira-mar. Quando era bebê, ela não admitia tocar os pés na areia. Sammy teve a mesma reação com a neve. Nenhum dos dois confiava em superfícies instáveis. Agora Jessie mergulha na água. Harris está sentado a alguns metros de distância, construindo um castelo com fosso com Sammy. Ginny enverga seu boné Obama. Ela e Bubbies continuam debaixo da barraca listrada amarela e branca. Ela lê para o neto, com calma e paciência ilimitadas.

A imagem da minha mãe lendo para Peter quando ele tinha a idade de Bubbies me vem à mente. Ela também era professora. Revejo os dois sentados em cadeiras de jardim no hotel onde estávamos hospedados, mamãe inclinando o livro sob um feixe da luz do sol.

Digo a Jessie:

— Lá vem a onda. Lá vai ela. Será que vai quebrar nos nossos joelhos, nos tornozelos ou nos dedos dos pés?

— Nos dedos dos pés — responde ela.

A quilômetros dali, as praias de Southampton e East Hampton estão lotadas, mas em Quogue tem muito espaço para brincadeiras e caminhadas. Uma menina mais ou menos da idade de Jessie se aproxima e se apresenta:

— Meu nome é Schuyler — diz ela.

Jessie a cumprimenta com carinho. Ela segue em frente. Observa os barcos sob o céu pálido. Contempla os garotos maiores em suas pranchas. Sorri, entreabrindo de leve a boca onde faltam alguns dentes, e parece satisfeita, como acontecia com Amy na idade dela.

— Vamos entrar! — exclama Harris.

Ele e eu nos revezamos em segurar Jessie enquanto ela pula as ondas. Nada do avô para o pai enquanto boiamos na água mais ou menos a um metro de distância um do outro. Ginny, na areia com os meninos, nos observa ansiosa. Nadadora experiente, sempre respeitou o mar. Amy também era ótima nadadora. Nossa foto favorita mostra ela aos seis anos numa piscina em Washington: ela debaixo d'água, nadando em direção à câmera.

— Pai! Aí vou eu!

Antes de voltar para casa, compramos sorvete de casquinha. Sammy quer um de baunilha com confeitos coloridos. Jess e Bubbies preferem casquinhas de sorvete de baunilha. Harris declina da oferta. Ginny e eu optamos por dois copinhos. Grupos de família se espalham pela praia. A nossa não parece muito diferente das demais.

***

No fim de agosto, voltamos para Bethesda para o início das aulas das crianças. Bubbies inicia o pré-escolar na Geneva. Ginny vai levá-lo. Ele chora no primeiro dia e depois se adapta. Escola para alguém com menos de oitenta centímetros de altura... Isso parece absurdo. Jessie começa a segunda série na

Burning Tree; e Sammy, o jardim de infância. Está entusiasmado, sobretudo por causa do ônibus escolar. No primeiro dia, o ônibus ficou sem gasolina na volta para casa.

— Qual foi a melhor parte do dia? — pergunto a ele.

— Quando o ônibus da escola teve de parar — responde Sammy. Harris diz que é possível que essa acabe sendo a melhor parte do ano inteiro.

No fim de semana visitamos o cemitério. Todas as vezes que vou lá sou tomado por um misto de necessidade e apreensão, porque sei que talvez desabe ao ver o pequeno retângulo de terra, a caixa de madeira que o contorna, o recipiente cônico de bronze para as flores e as inscrições, tão precisas. Quando escolhemos esse local, em dezembro, os prédios comerciais próximos podiam ser vistos por entre as árvores peladas. Desde a primavera toda a área floresceu e está cheia de arbustos e magnólias.

Jessie levou cravos brancos, e Sammy, um balão do time de futebol americano Washington Redskins, no formato de uma enorme bola, que ele pretende soltar. O menino tem demonstrado certa fragilidade ultimamente — com olhares distantes e silêncios. No entanto, tem falado mais sobre a morte de Amy. Ontem de manhã, perguntou novamente de que sua mãe tinha morrido.

— O coração parou, certo? — disse ele.

No primeiro dia de aula, quando pediram às crianças que desenhassem suas famílias, Sammy desenhou Amy deitada, morta, no chão. Catherine Andrews, a psicoterapeuta dos três, diz que Sammy está expressando as lembranças conforme elas lhe ocorrem, mas que isso é uma forma de colocá-las para fora e, provavelmente, evitar que se repitam.

À beira do túmulo, Harris pergunta a Sammy se ele quer dizer alguma coisa. O menino fica de pé atrás da lápide e diz:

— Sinto saudade de você, mamãe.

Ele conta a Amy sobre a primeira professora de Bubbies na pré-escola, a sra. Franzetti, e sobre a professora de Jessie na segunda série, a sra. Salcetti, além de falar da própria professora, a sra. Merritt. Fala do balão e prevê que os Redskins vão vencer o Super Bowl. Jessie não tem nenhuma mensagem para Amy. Sammy pergunta a Harris se pode ser enterrado junto à mãe. Harris responde que sim, mas afirma que isso ainda vai demorar muito.

Ginny e eu nos revezamos para segurar Bubbies no colo. Ele carrega um pequeno pinguim de plástico. Quando se aperta o seu "detonador", o bico da ave abre e fecha, assim como as asas, e o pinguim solta uma grasnada. Numa visita anterior ao cemitério, Bubbies recusou-se a ser retirado da cadeirinha do carro e gritou: "Não, não, não!" Hoje ele está com seu pinguim e se contenta simplesmente em olhar em volta.

Jessie coloca os cravos no vaso cônico. Harris escreve "Amamos você, mamãe" no balão em forma de bola de futebol americano. As crianças o soltam. Ele voa alto pelo ar pesado e fica preso numa árvore distante. Garantimos às crianças que o vento acabará por libertá-lo dos galhos.

***

O aniversário de Bubbies é em setembro, como o meu. Para o dele, reunimos Carl, Wendy e seus filhos, fizemos um alvoroço e lhe demos de presente uma churrasqueira de brinquedo para incentivar sua inclinação culinária.

— Quantos anos você tem, Bubs? — pergunto.

— Dois! — responde ele.

No meu, Ginny me deu um caiaque, e Harris, uma imitação de Andy Warhol, que encomendou pela internet. Consiste em quatro versões de uma foto minha com Bubbies na Disney em janeiro passado, eu encostado num banco e Bubbies de pé atrás dele puxando meu cabelo. Em cada foto, o cabelo, os olhos e a pele são de cores diferentes. Ginny e eu penduramos o quadro no nosso quarto, onde Bubbies gosta de se ver de cabelo verde e a mim de cabelo azul. Toda hora ele vai lá roubar e esconder os rolos de cabelo de Ginny ou tentar pegar as minhas chaves do carro ou perguntar "O que é isso?" apontando para tudo. Nosso quarto se tornou um lar, com lugares para livros, sapatos e malas, fotos de Amy e dos netos na minha escrivaninha, e as crianças entrando e saindo. Sammy assiste à televisão em nossa cama quando Jessie se apossa do aparelho do segundo andar. Jessie quer saber como minha máquina IBM Selectric funciona. Fica fascinada de me ver trabalhando nela — uma antiguidade usando outra.

Certa noite, Sammy invade o quarto, nu da cabeça aos pés.

— Boppo! — diz ele, que acabou de assistir ao DVD de *101 dálmatas*. — Os filhotes foram salvos!

Eu pergunto:

— Sammy, cadê suas roupas?

Ele responde:

— Os dálmatas iam ser esfolados para fazer casacos de pele!

Ele olha as fotos de Amy.

— Sinto saudade da mamãe.

— Eu também — digo.

* * *

Ao leque de atividades das crianças foram acrescentadas aulas de artes marciais para Sammy, um novo brinquedo para Bubbies, com traves de equilíbrio e trepa-trepa, e ioga para Jess. Nas manhãs de sábado no outono, ela joga futebol. Seu time, as Chamejantes, usa uniformes amarelos cintilantes. Os jogos têm lugar simultaneamente em três campos adjacentes. Rob Hazan, o treinador, é casado com Jill, uma amiga de escola de Harris. Jill e as outras mães se sentam juntas em cadeiras de lona dobráveis sob o ar frio de outono, e Ginny se senta com elas.

Era assim quando nossos filhos eram pequenos: os pais se reuniam informalmente para recitais, peças teatrais, concursos de beleza, basquete, beisebol. Em Vermont, onde moramos durante um ano no campo no intervalo de meus empregos no *Washington Post* e na *Time* em Nova York, aplaudimos, entusiasmados, nas arquibancadas de ginásios escolares e com John no carrinho, quando Carl acertava uma cesta de vários pontos em um torneio de basquete local e Amy marcava todos os pontos do time em um jogo escolar no ensino fundamental — quatro. Em Bethesda acontece precisamente o que Ginny previu: ela está levando a vida de Amy. Com uma das mães, Ginny planeja uma viagem ao Zoológico Nacional, com outra, um dia para ver *Madagascar*. As mulheres falam dos professores dos filhos. Elogiam, reclamam, colaboram, fofocam.

No Halloween, vamos à Escola Burning Tree admirar Sammy, Jessie e as outras crianças fantasiadas e assistir a um desfile. A professora de Jessie da segunda série, Deirdre Salcetti, é uma loira criativa, espirituosa, quarentona, com um sorriso do tipo você-está-seguro-comigo que prontamente se transforma em gargalhada. Ela tem corpo de ginasta. Dá aulas de ioga. Hoje, vestida de abelha, pôs antenas na cabeça e usa asas translúcidas e um rabo em que se lê "Don't worry. Bee happy". A sra. Salcetti se põe de pé diante da turma.

— Não vou começar até todos ficarem calados.

As crianças se preparam para uma apresentação para as visitas.

Uma menina dá um passo à frente, vestida de Indiana Jones, e explica quem é. Outra aparece como um Jedi. Katie, que não tem cabelo, é uma feiticeira. Suponho que esteja fazendo tratamento para câncer, mas me dizem que seu problema é um distúrbio genético. Seu rosto é incrivelmente branco. Ela sorri com facilidade. Uma menina chamada Amy é uma bruxa com um gato e uma vassoura.

— Você vai voar nessa vassoura depois? — indaga a sra. Salcetti.

— Sou uma bruxa boa — responde Amy.

Lá vem Dorothy, carregando Totó numa cestinha e usando sapatos vermelhos com purpurina. Ela bate os calcanhares três vezes. Agora é a vez de Michael, o Incrível Hulk. Jaraad é um alienígena com rosto verde. Chegam outros: uma menina fantasiada de Tootsie Roll, outra de Eloise, além de um Tio Sam e de uma Noiva de Frankenstein com uma listra branca no cabelo.

— Eu realmente preciso enxergar melhor com este capacete — diz outro personagem de *Star Wars*.

Pergunto a um menino que usa uma máscara de Obama:

— Você é candidato a presidente?

— Não — responde ele.

Jessie aparece. Confiante e decidida, ela anuncia que é um Power Ranger.

Os organizadores pedem que os pais, entre eles Ginny e eu, saiam para ver o desfile de Halloween. Passamos por cartazes, lemas e aforismos de estímulo grudados nas paredes da escola. Um cachorro pintado balança uma bola no nariz sobre a legenda: "Ninguém pode fazer tudo, mas todos podem fazer alguma coisa." Cumprimento Andrew, um menino autista que foi da turma da primeira série de Jessie no ano anterior. Ele tinha um professor especial para ajudá-lo e costumava me perguntar se eu era seu pai. Não posso garantir que ele me reconheça, mas recebo dele um abraço.

A turma do jardim de infância de Sammy está em fila no corredor, guiada por Pam Merritt. A srta. Merritt tem a aparência independente e digna da tia favorita, uma postura de realeza, a voz rouca de uma cantora de blues e usa tênis vermelhos. Sammy é o Homem de Ferro, seu novo super-herói número um. Ele nos vê e acena.

Ciganas, anjos, Homens-Aranhas e Super-Homens passam por nós e saem, chutando as folhas no chão. Harris, que saiu cedo do trabalho, junta-se a nós. Jessie e Sammy vêm marchando e se alegram ao vê-lo. Pais e mães deixam o grupo e tiram fotos. Várias crianças fazem pose diante do muro de tijolos ou sob árvores que ostentam tons outonais. Quando surge uma garota vestida de Sherlock Holmes, Ginny e eu trocamos olhares. Num Halloween, quando Carl tinha oito anos, e Amy, cinco, os dois travaram uma batalha sobre quem iria se fantasiar de Sherlock e quem seria o dr. Watson. Carl disse:

— Sou o mais velho, por isso vou ser Sherlock.

Amy atalhou:

— O dr. Watson era o mais velho também. Você vai ser o dr. Watson.

Os dois se fantasiaram de Sherlock, chamando um ao outro de impostor.

***

Bubbies canta e dança ao som de "Os dedinhos". Ginny o conduz:

— Polegares, polegares, onde estão?

Os dois cantam:

— Aqui estão...

Ginny usa a voz precisa de uma ex-professora. Conhece todos os gestos que acompanham a letra.

— Aqui estão — exclama, erguendo os polegares. — Como vai o senhor? Muito bem, obrigada.

Balança os polegares como se um falasse com o outro.

— E se vão, e se vão! — prossegue, escondendo os polegares atrás das costas. Bubbies está fascinado, assim como eu.

— Como é que você conhece esse troço? — pergunto.

— Fui programada para isso — responde ela. — Assustador, não?

***

Sou propenso a fazer tudo que Bubbies pede, mas Harris fala com ele como se o garoto tivesse mais de vinte anos (também passou a chamá-lo de James agora que está na escola, e, com certa resistência, entro no jogo). Numa manhã de domingo, antes que eu faça as malas para começar minha viagem até Quogue, James está em seu lugar habitual à mesa da cozinha, dizendo a todos onde quer vê-los sentados. Ele faz isso. Se alguém se senta num lugar não designado, ele balança o dedo na sua cara.

— Senta aqui! — Ou em algum outro lugar.

Só ele parece conhecer o lugar adequado para cada um. Nessa manhã, Ginny sentou no lugar errado, e James lhe deu uma bronca:

— Mimi, senta ali! — gritou, indicando o outro lado da mesa.

Harris entrou e disse ao filho:

— Não se preocupe com o lugar onde os outros sentam.

O tom informal do comando de Harris me fez rir durante boa parte da viagem. Liguei para ele de Quogue no fim da tarde.

— Você se dá conta de que quando diz a James para não ditar onde os outros devem se sentar você o priva de sessenta por cento de seus propósitos?

— Seja como for — emendou Harris —, ele passou o dia sem dizer aos outros onde deviam se sentar.

***

— Boppo! Olha só! — exclama Jessie, mostrando seu novo *Livro dos recordes mundiais*. — Tem os Yankees aqui!

— E daí? — digo eu. — Quantos campeonatos mundiais os Yankees ganharam?

Ela nem precisa verificar no livro:

— Vinte e seis — responde.

— Só por isso — intervenho —, pegue suas malas. Vamos passar o fim de semana em Paris!

Ela ergue os punhos fechados ao lado do corpo como se carregasse malas e marcha em direção à porta.

***

— Sabe, Jessie, quando eu era uma garotinha...

— Ora, Boppo!

***

Minha carga de trabalho como professor para o segundo semestre consiste em dois cursos e continua leve. Às segundas, dou aula de poesia moderna na graduação na unidade principal da Stone Brook, situada na margem norte de Long Island, e, às terças, um curso de mestrado em redação de romances na unidade de Southampton. A unidade de Southampton fica a quinze minutos de carro da nossa casa. Kevin vem às terças de manhã antes que eu saia para o trabalho, e sentamos na cozinha para conversar. Ele nunca aceita café ou algo para comer. Nós nos sentamos à mesa, de frente um para o outro, e falamos dos Yankees, dos Mets e dos Jets (o único time de beisebol sobre o qual não discordamos) ou qualquer coisa que por acaso esteja acontecendo. Também nos telefonamos de vez em quando.

Venho de uma sociedade de falastrões. Ele não.

— Você acredita em médiuns? — pergunta Kevin certa manhã.

Respondo que não, embora não o faça de forma pejorativa, porque percebo claramente que ele e Cathy desejam acreditar. Ela consulta um médium, que se conecta com Stephen. Acha que o espírito do filho está por perto, tomando conta da família. Conta que as luzes se acendem e se apagam sozinhas na casa para indicar a presença dele.

— Fui até a Stony Brook e dei uma olhada no lugar onde ele costumava fazer caminhadas, e senti que ele estava comigo — diz Kevin. Eu apenas escuto. — Continuo a pagar a conta do celular dele para ouvir sua voz.

Shirley Kenny, a reitora da Stony Brook, foi gentil e atenciosa com os Stakey como tem sido com a nossa família. Eu só soube da morte do filho dos Kenny depois que Amy morreu. Muitas pessoas que entraram em contato conosco durante o ano perderam filhos, mais velhos e mais novos. Muitos eram nossos amigos e conhecidos havia anos, mas jamais mencionaram suas perdas, como se fizessem parte de algum clube secreto.

Kevin também vai à nossa casa quando não estou. Desde que terminou a casinha de brinquedo, tem feito outras melhorias: reformou uma parte do terceiro andar para que haja um lugar confortável para Ligaya durante o verão e escorou um trecho do teto do porão, o que exigiu a reconstrução da maior parte do deque que o cobre. Eu disse a ele que não gosto de consertos desse tipo porque ninguém consegue avaliar quanto dinheiro se gasta. Kevin me falou que pôs uma placa no deque informando o custo. Ele aparece com frequência para verificar se está tudo certo.

Sua preocupação hoje é com seus colegas empreiteiros e construtores em Long Island.

— Ninguém está construindo, ninguém está contratando carpinteiros. A madeireira em Riverhead demitiu mais da metade dos operários — diz ele. Kevin não sabe como os amigos vão sobreviver na recessão. — Você acha que o Obama vai ajudar? — pergunta ele.

Eu digo que sim. Ficamos calados durante um tempo, até que ele diz:

— Contei para você que vi um vídeo de Stephen tocando bateria na banda da faculdade?

***

Em geral não confio em professores que falam demais sobre suas vidas particulares com os alunos. Intencionalmente, porém, contei aos meus sobre Amy e a situação da nossa família. Eles ouvem boatos, por isso minha franqueza desanuvia o ambiente e ajuda a impedir que eles se interessem além da conta por mim, e não pelas aulas. Não quero fazer o papel do professor misterioso que sofre em segredo. Gostaria, sobretudo, que eles percebessem que estamos todos no mesmo barco. Cada um deles viveu algum sofrimento. Falo sobre Amy uma única vez.

Gosto dos meus alunos deste semestre, o que enriquece as aulas — discussões mais abertas, mais abrangentes, além da possibilidade de surpresas. Um dia, uma jovem pensativa e calada na minha turma de poesia moderna fez uma referência a metafísica. Subitamente, ela disse:

— Não gosto de John Donne. — Como assim, não gostar de John Donne? — Ele não tem nada de original a dizer — acrescenta a moça.

Sapequei nela o argumento forma-resgata-conteúdo, mas não a convenci, e fui obrigado a admitir que talvez ela tivesse razão.

No início de novembro, a turma se volta para Anne Sexton. Nunca gostei muito de Anne Sexton, considero-a de segunda divisão se comparada a contemporâneas como Sylvia Plath e Adrienne Rich. Os alunos e eu, porém, lemos "The Truth the Dead Know" ["A verdade que os mortos conhecem"], e gostei mais do poema do que me lembrava de ter gostado antes.

— Qual o significado aqui? — perguntei à turma.

— O significado é que a morte acontece com os outros — respondeu um rapaz.

★✶★

— Então, no que "enxame" e "cheio" são iguais? — pergunto a Jessie e Sammy durante o café da manhã (a Palavra do Dia é "enxame". A de ontem foi "cheio"). Ninguém responde. — Pensem no "x" — insisto.

— O "x" está presente em "enxame", mas falta em "cheio" — diz Jessie então.

Sammy intervém:

— Mas dá para ouvir o "x" em "cheio".

Abro um sorriso.

★✶★

Sempre que vou a Nova York, janto com John. Ele fala de Amy com especial melancolia. Amy e Carl, tendo menos de três anos de diferença, eram íntimos como irmão e irmã. John era próximo de Amy de uma forma diversa. Por ser nove anos mais velha, ela alternava entre guardiã, professora e companheira. Depois que Carl entrou na faculdade, os dois uniram forças. Ouviam as mesmas músicas. Assistiam a *Barrados no baile* e a *Melrose Place* com devoção, e me proibiam de assistir com eles por eu dizer blasfêmias em demasia; uma já era demais. Os dois jogavam Sonic no video game. Amy implicava com John quando ele era pequeno:

— Por que você está dando opinião? — dizia. — Você nem é gente.

John descobriu com Amy as vantagens de conversas francas, bem como o valor dos amigos. Ele manteve não só os amigos da faculdade e do ensino médio, mas também os do ensino fundamental. Ginny e eu temos uma foto dos dois quando ele tinha três anos, e Amy, doze, lambendo o mesmo sorvete de casquinha no Central Park.

A probabilidade de John falar de seus sentimentos é ainda menor do que isso acontecer com Harris ou comigo, embora, se eu mencionar um momento triste que vivenciei pensando em Amy, ele concorde que tem esses momentos também. Ele é tão fechado que sempre que diz algo revelador sua declaração tem um peso enorme. Durante o jantar no nosso habitual restaurante japonês algumas semanas após a morte de Amy, ele me disse:

— Estou começando a não pensar nela todo dia. Sinto culpa por isso.

Na manhã fria e sombria do enterro de Amy, nos aproximamos do caixão antes que ele fosse colocado na sepultura. John ficou ali um tempão, sussurrando agradecimentos à irmã, dizendo-lhe o quanto ela significava para ele.

A morte de Amy talvez tenha surtido em John o efeito salutar de lhe injetar uma ousadia nova. Ao longo dos últimos anos, ele vem se ocupando despretensiosamente como técnico jurídico num escritório de advocacia onde é querido por pessoas que tornam seu trabalho um prazer. Mas essas pessoas também se dão conta de que John tem outras ambições que jogam com sua inclinação como crítico espirituoso. Ele sempre quis escrever. Desde que Amy morreu, John terminou seu primeiro roteiro, uma sátira mordaz da própria geração.

***

Vinte e cinco de novembro, uma manhã fria e úmida em Quogue. Ginny me liga para o celular enquanto paro o carro no estacionamento dos Correios. Ela me diz que na noite anterior James chorou nos braços de Harris.

— Mamãe... — exclamou ele como se a chamasse. — Quando a mamãe vai voltar pra casa?

Ele jamais dissera algo assim. Estava apenas começando a falar quando Amy morreu. Será que durante todo esse tempo ele pensou que ela estivesse simplesmente ausente? Ginny diz que Harris respondeu que a mamãe morreu e que não vai voltar para casa, e que de manhã o menino parecia bem.

Logo que desligamos, um amigo telefona. Pergunta onde estou. Eu lhe digo que preciso dar uma olhada em volta para ter certeza. Ele pensa que estou brincando.

***

Um costume na nossa família, como acontece em várias famílias, é dizer "Te amo" no final de um telefonema. "Te amo" — com um ritmo cantante, como duas notas musicais. Amy e eu tínhamos o hábito de nos telefonarmos duas ou três vezes por semana. Quase nunca havia algo de extraordinário nas nossas conversas. De vez em quando, ela pedia meu conselho sobre encurtar ou aumentar o número de dias de trabalho ou mencionava uma injustiça que vira no consultório. Às vezes eu lhe pedia para ler algo que eu estava escrevendo, como sempre fiz com os demais membros da família. Na maioria das vezes, falávamos das crianças ou programávamos um encontro. Na semana anterior à sua morte, conversamos algumas vezes sobre a ida dela a Bethesda para o Natal. "Te amo."

Carl e Wendy dizem "Te amo", assim como os filhos e Jessie e Sammy. Bubbies agora também diz "Te amo", "Eu também". Harris, idem. Ultimamente eu tenho usado essa despedida com determinados amigos e com a família. Conversa vai, conversa vem, e presto atenção quando está para se encerrar. "Te amo." Porque agora sinto mais necessidade, minha tendência é dizer primeiro.

***

Conversas do espaço sideral:

— Papai! — exclama Sammy quando Harris volta para casa depois de um longo dia de trabalho. — Adoro pinguins! Antes eu detestava, mas agora adoro!

Harris pergunta:

— Por quê?

Sammy responde:

— Porque descobri que os pinguins têm inimigos!

— E por isso você os adora? — indaga Harris.

— E — responde Sammy — eu achava que eles viviam num lugar, mas eles vivem em praias de areia e praias de rochas.

Jessie para Ginny, dentro do carro:

— Mimi! O que você ia preferir: jantar na Casa Branca ou fazer um piquenique com a sua neta?

— Fazer um piquenique com a minha neta.

Jessie fecha o punho e puxa o braço para baixo:

— *Yes*!

— Boppo! — diz Sammy prestes a me apresentar ao colega que apareceu para brincar com ele. — Este é o Cameron! Ele é chinês! Ele come insetos!

Cameron sorri e assente com a cabeça.

— E abelhas! — acrescenta Sammy. — Primeiro ele mata, depois come!

* * *

Recebemos o primeiro boletim de Bubbies da Escola Geneva:

"James Solomon. Data de nascimento: 20/09/06. Turno da manhã — Srta. Franzetti. 2º semestre de 2008."

Maria Franzetti também foi professora de Jessie e de Sammy. É bonita e esbelta, tem olhos escuros e uma voz de menina que enrola os erres num sotaque latino. Canta muito bem. Escreve:

"James se adaptou facilmente à turma. Entra na sala feliz e sorrindo. Ele logo se despede da avó e guarda seus pertences antes de correr para a cozinha atrás dos cachorros (de brinquedo) e para fazer torrada (de mentirinha) para nós. É muito falante e participa ativamente das atividades. Absorve tudo à sua volta. Gosta de imitar os professores."

Cerca de uma semana depois, Jessie e Sammy trazem os boletins, que são excelentes. A sra. Salcetti e a srta. Merritt, assim como a srta. Carone, o sr. Bullis e a srta. Franzetti antes delas, aparentemente sentem profunda ternura por Jessie e Sammy, não só pelo que as crianças vinham passando, mas por serem como são. Harris, Ginny e eu lemos em voz alta os boletins.

— Mamãe ficaria orgulhosa — dizemos aos dois.

***

No dia 6 de dezembro, Ginny e eu visitamos o cemitério sozinhos. Fomos num sábado. No ano anterior, o dia 8 de dezembro caiu num sábado. Segunda-feira será o aniversário de morte. O ano bissexto é responsável pela diferença de dois dias nas datas. Harris e as crianças irão ao cemitério amanhã, assim como Carl e Wendy. Nenhum de nós quer honrar a data exata do aniversário de morte. Preferimos comemorar o aniversário de nascimento de Amy, e é pouco provável que Ginny e eu visitemos o cemitério nessa data no ano que vem ou em anos futuros.

A temperatura está bem baixa, o cemitério, deserto, e os pinheiros, pesados com as sombras. Quando ficamos naquele lugar tão familiar, nenhum de nós dois choramos. Encaramos a terra. Umedeço dois dedos na saliva e limpo um canto da lápide, sujo de cocô de passarinho. Ginny trouxe um punhado de flores para o recipiente cônico. Nada dizemos e continuamos ali de pé uns cinco minutos, talvez dez.

— Me avise quando estiver pronta para ir embora — peço.

Ginny se vira de costas para o túmulo e declara:

— Agora.

***

Mais uma coisa que eu tinha esquecido a respeito de crianças: elas adoram imitar nossas características menos atraentes. O sarcasmo é particularmente sedutor, já que exige tanto habilidade quanto ousadia. Ginny acabou de oferecer a Jessie mais minipanquecas pela quarta vez. Sua persistência é notável, mas também pode ser insuportável. Ela me oferece chá há 46 anos, sempre recebendo a mesma resposta. Por último, dei para repetir o que o amável perdedor de *O indomável — Assim é minha vida* responde quando lhe oferecem a mesma coisa: "Nem agora nem nunca."

Ginny pergunta:

— Quer mais minipanquecas, Jess?

Jessie olha para mim com uma expressão alegremente maliciosa:

— Mimi — diz ela —, quantas vezes preciso dizer que não?

A visão que ela tem da vida talvez não seja sempre tão otimista quanto parece, mas prevalece em questões como as do chá e das minipanquecas. Na festa de aniversário surpresa de Ginny no ano anterior, Wendy recordou em seu brinde o Dia de Ação de Graças em que a sogra estava na cozinha de Amy, onde Wendy quase queimara uma torta de amoras, o que fez escurecer a massa. Ginny lhe disse para não se preocupar:

— O gosto vai ficar igualzinho ao de *crème brûlée*.

***

Numa noite de sábado, Harris e eu saímos para jantar num restaurante indiano em Bethesda. Tomamos um ou dois copos de vinho tinto e falamos sobre o que nos veio à cabeça: a família, o jogo de basquete entre o Georgetown e o Memphis a que tínhamos assistido à tarde e Amy, um pouquinho. Não há lógica alguma num relacionamento entre genro e sogro. Quem a gente ama escolhe a quem amar, e o resto é com a gente e a tal pessoa. Ginny e eu nos sentimos próximos de Wendy e de Harris, não como pais, mas também não como amigos — pessoas unidas pela presença ou pela ausência de um terceiro. A lembrança de Amy nos une — Harris a mim — mais do que se ela estivesse viva.

Jamais surgiu um momento de contenda entre nós em relação às crianças, exceto de brincadeira. No entanto, ambos somos competentes quando a briga se dá por outros motivos. Ele me faz recordar cada uma das minhas inépcias. Eu o faço lembrar-se de seu erro de diagnóstico, seis anos antes, sobre a fratura do meu polegar direito. Qualquer um pode ver que está quebrado. E dói pra diabo. Por mais que eu reclame, ele continua a afirmar que é artrite e continua a não dar bola. Deve ser muito fácil virar cirugião de mãos hoje em dia.

Na semana passada, ele surpreendeu todo mundo ao chegar em casa com um quadro novo. Entrou a passos largos e o pendurou na sala de TV, sobre o sofá modulado. É um pôr do sol numa paisagem de inverno. As árvores são negras e nuas. Um riacho congelado entre dois morros leva a um campo árido. O céu vermelho parece em chamas. Em outra ocasião recente, ele apareceu em casa com uma foto grande e emoldurada de Muhammad Ali com pose de boxeador, admirando a si mesmo num espelho de ginásio. Havia as seguintes legendas: "Campeões são feitos de algo que existe em seu âmago" e "A vontade tem de ser mais forte que a capacidade". Essa ele pendurou no corredor. Também mexeu na posição da mesa da cozinha. Antes ela ficava paralela à bancada que separa a cozinha da sala de TV. Agora está perpendicular. Acho que ele procura tornar as coisas diferentes, ou menos estáticas.

No entanto, aparentemente seu desejo parece ser equilibrar alteração e preservação. Quando compareceu com Amy àquele jantar beneficente de médicos, um caricaturista desenhou os dois do jeito que costumam fazer, com cabeças desproporcionalmente grandes e corpos diminutos. O casal está em trajes de banho, e Harris carrega Amy nos braços, na pose clássica dos salva-vidas. Harris mandou emoldurar o desenho outro dia e o pendurou junto ao patamar que leva ao segundo andar, junto com caricaturas dos três filhos feitas havia pouco tempo. Subindo ou descendo a escada, dá para ver a família intacta.

Sob certos aspectos, eu gostaria que nós dois pudéssemos falar sobre questões emocionais com a mesma eficiência com que brincamos um com o outro. Mas a ênfase de Harris sobre o positivo, que lhe é útil, torna difícil para ele mudar de marcha, ainda que seja esse o seu desejo. Não fico atrás. Acho que a minha tendência é ver os símbolos mais sombrios com mais clareza, mas não gosto de falar dos meus sentimentos com ninguém, à exceção de Ginny, e, mesmo com ela, só raramente. Alguma coisa na energia de nossas vidas nos faz bem, nos impede de afundar. Se a escolha tiver de ser confessar minha dor, por maior que seja a catarse, ou o ato mais simples de seguir em frente, escolherei seguir em frente. Só espero que Harris não esteja sucumbindo sob a dor da perda de Amy. Não há sinais disso, mas nos eventos familiares em que Amy antes brilhava, ele não consegue esconder sua saudade. O rosto fica tenso. Não quero ser seu pai. Ele tem um ótimo pai. Mas não sou capaz de deixar de me preocupar com ele, como um pai faz.

***

Passado quase um ano, Ginny e eu refletimos se devemos perguntar a Harris se ele ainda quer que continuemos aqui. Desejamos muito ficar, e temos quase certeza de que ele dirá que sim, mas evitamos a pergunta porque não queremos que ele tenha a mais leve impressão de que queremos ir embora. Esta é a nossa vida. Sem Harris e os meninos para preenchê-la, estaríamos sentados em Quogue, fabricando conversas entre silêncios sombrios. Sei que estamos criando uma distração para as crianças, assim como uma vida com uma estrutura diferente para elas. Estamos fazendo o mesmo conosco. Quando Amy morreu, Ginny e eu jamais tivemos que debater para decidir onde queríamos e deveríamos estar. Tivemos de perguntar a Harris, mas não um ao outro. Será que agora devemos lhe perguntar de novo? Decidimos que ele nos dirá quando quiser que a gente vá embora. E até lá, minha primeira resposta a Jessie — "para sempre" — continua válida. Se uma nova mulher entrar na vida de Harris, como esperamos que aconteça um dia, sabemos que ele terá escolhido bem. Quando isso ocorrer, também não teremos que repetir a pergunta.

★★★

A srta. Salcetti me convidou para visitar a turma de segunda série de Jessie e falar sobre o ofício de escritor. Concluo que ela não consultou a srta. Carone com relação à minha experiência anterior. Conheço Luxmi, Arthur e Jaraad do ano passado. Digo à meninada que gravei o nome de todos, e invento um novo para cada um, chamando meninos de Phyllis, meninas de Ralph e daí por diante. Os protestos consomem dez minutos. Olho para a srta. Salcetti:

— Acabou?

Ela sorri e aponta para o relógio:

— Faltam só quarenta minutos.

Por insistência da professora, conto aos alunos a trama do meu primeiro romance, *Lapham Rising* [A ascensão de Lapham], fazendo alguns cortes, mas permanecendo fiel à essência. Naturalmente, eles estão diante de mim. Analisam os personagens que descrevi meramente, percebendo possíveis nuances. Explicam o tema do meu livro para mim. Me torno hábil em concordar. Faço com que bolem o início de um romance.

— Escrevam a primeira frase — peço. — E não se esqueçam: vocês querem que o leitor se interesse logo de cara.

Jessie escreve:

— Era uma vez a classe mais bem-comportada do mundo.

Pergunto aos outros:

— A partir dessa única frase, o que vocês acham que vai acontecer no romance de Jessie?

Praticamente todos gritam:

— Os alunos vão se comportar mal!

Como fica claro, mais uma vez, que não posso lhes ensinar coisa alguma sobre ser escritor, resolvo conduzi-los num coro entusiasmado de "Boppo, o Incrível". Eles cantam de forma tão impetuosa que quase me levam às lágrimas. Faço com que repitam, mais alto, na esperança de que Sammy acabe nos ouvindo.

***

Quando, outro dia na Burning Tree, visito a turma de Sammy, decido passar primeiro na de Jessie para dizer oi. Seu colega Arthur me viu no corredor, saiu correndo na frente e anunciou:

— Boppo está aqui!

Todos os amigos de Jessie e de Sammy me chamam de Boppo. Os professores também. Uma tarde, eu estava parado ao lado do carro esperando para pegar Jessie na escola e levá-la à aula de piano quando um professor que eu não conhecia gritou:

— Boppo! Você veio buscar o Sammy também?

Virei Boppo até na escola de Bubbies, onde o diretor me pediu para fazer o papel de dr. Seuss certa manhã em homenagem ao aniversário do médico. Sentei-me numa cadeira de balanço usando a cartola desajeitada de listras vermelhas e brancas e li *O gato da cartola* para crianças de dois e três anos. Seria engraçado ver Amy nesses momentos, de pé, no canto de uma classe, com as mãos nos quadris e um divertido olhar de reprovação. Seu pai, Boppo, o Tagarela e Excêntrico. Boppo sendo Boppo. Depois de uma visita à Burning Tree, saí para o estacionamento de asfalto, cintilante à luz do sol e entupido de carros. Um silêncio mortal. Ninguém presente, exceto Boppo, o Incrível.

★★★

Fazendo compras com Carl, pergunto o que ele anda fazendo. Os meninos estão bem, animados com o bebê a caminho. Wendy está no sexto mês de gravidez. Ela vai ter outro menino (Jessie recebeu a notícia corajosamente). A contagem de plaquetas de Wendy está baixa, como aconteceu durante a gravidez de Andrew e de Ryan, mas a situação vem sendo monitorada.

— Não se preocupe, pai — diz Carl.

O casal está planejando comprar uma casa maior.

— E como *você* vai levando... com relação a A? — pergunto.

Como Ginny, ele se põe em último lugar. Diz que fica com um bolo na garganta de vez em quando, em especial quando está dirigindo. As canções de Natal o deprimem.

— Mas uma ou duas vezes por mês, ouço aquela mensagem na secretária eletrônica que A deixou para Wendy sobre os presentes de Natal dos meninos, e isso ajuda um bocado. A mamãe também ouviu. Você acha que gostaria de ouvi-la agora?

Respondo que ainda não.

★★★

Carl conta uma história sobre Andrew, que vai fazer seis anos. Andrew é exigente e muito duro consigo mesmo. Se erra uma única letra ao escrever o próprio nome, apaga o nome inteiro e reescreve. Ou pega uma nova folha de papel e faz tudo de novo. Carl lhe garante que todo mundo comete erros, mas o filho não aceita a explicação.

Uma tarde ele estava desenhando e ficou frustrado quando assinou o nome e as letras ficaram feias.

— Todo mundo comete erros — disse Carl.

— Menos Eric Carle — atalhou Andrew, referindo-se ao autor e ilustrador de um de seus primeiros livros, *Brown Bear, Brown Bear, What Do You See?* [Urso pardo, urso pardo, o que você está vendo?] — Os desenhos dele são perfeitos.

— Quando o livro é lançado os erros já foram todos corrigidos — explicou Carl. — Todo mundo comete erros.

Ryan, que brincava por perto, se meteu na conversa:

— Menos Deus. Deus não comete erros.

— Deus cometeu um erro com a tia Amy — retrucou Andrew.

***

Já se passou algum tempo desde que liguei pela primeira vez para a faculdade de medicina da Universidade de Nova York. Dean Grieco me informa que neste momento há 250 mil dólares no fundo de Amy para bolsas de estudo e que essa quantia deve render cinco por cento de juros anualmente. Alan e Arlene Alda, velhos amigos da família, fizeram uma contribuição generosa. Sei que ainda vai entrar mais dinheiro, pois os amigos nos disseram que os presentes de Natal trocados em família serão contribuições para o fundo.

— Eu preferia, em vez disso, que Amy estivesse conosco — diz Grieco.

Pergunto-lhe se nossa família poderá ter alguma informação sobre os primeiros bolsistas. Os desembolsos iniciais ocorreriam no final de janeiro de 2010. Ele fica de se inteirar junto ao Departamento de Admissões e Auxílio Financeiro e depois me passar as informações. Acrescenta que uma recepção para os doadores de bolsas será realizada na faculdade na primavera e pergunta se gostaríamos de comparecer. Respondi que sim.

***

— Boppo, uma charada pra você — diz Jess. — Um homem chegou na sexta-feira, ficou dois dias e foi embora na sexta-feira. Como isso é possível?

— Sexta-feira é uma égua — respondo.

— Certo — confirma ela. — Mais uma: três homens caíram de um barco dentro d'água. Só dois ficaram com o cabelo molhado. Como isso é possível?

— Sexta-feira é uma égua — respondo.

— Certo — diz ela.

***

James acorda por volta das dez da noite e chama o "papai". Não fica contente ao me ver entrar no quarto e pegá-lo no colo para levá-lo para baixo.

— Papai! — exclama ele.

Eu lhe digo que o papai está jantando com amigos e não vai demorar. Ele emite um débil "papai", mas não entra em pânico. No inverno anterior, se Harris saísse à noite, fosse qual fosse o motivo, James chorava sem parar até ficar exausto. Esta noite, apenas resmunga seu desagrado, embora continue ansioso.

— A gente ouve a garagem? — indaga, querendo dizer que Harris entra em casa pela garagem, depois de guardar o carro.

Olhando pela janela da sala, procuramos Harris durante algum tempo, depois James descansa a cabeça em meu ombro. Ficamos atentos aos sons vindos da garagem.

***

Enfrentar a ausência das crianças é mais difícil para Ginny do que para mim, porque estou mais habituado aos rituais da solidão. Talvez eu passe tempo demais sozinho, mas Ginny — e Harris — passa tempo de menos. Ela e eu damos um pulo rápido a Nova York e jantamos no apartamento de velhos amigos. Há muitos meses não fazemos algo assim. Na manhã do dia do jantar, Ginny se senta na ponta do sofá, o rosto virado para a janela. Pergunto o que está pensando, não em quem. Ela responde que estava se lembrando de uma tarde na época em que Amy estava no colégio e as duas tinham se esbaldado fazendo compras na Saks. Uma charrete parou na porta da loja.

— Resolvemos subir e voltar pra casa nela — conta Ginny. — Foi tão impulsivo!

Ela teme que Jessie, crescendo sem mãe, seja privada de experiências assim. Quando Amy fez 21 anos, Ginny pediu a trinta de suas amigas que escrevessem cartas para a filha aconselhando-a quanto à natureza da idade adulta feminina. Ela também escreveu uma carta e juntou todas num livro elegante do tamanho de um álbum de fotos, com páginas com bolsos de modo a possibilitar a leitura de cada uma individualmente.

— Jessie não vai ter essas coisas de mãe e filha — lamenta Ginny.

— Ela tem você — intervenho. — Você circulou com Jess por Nova York e foi com ela ver *O quebra-nozes*, como fez com Amy.

Ginny desvia o olhar.

— Não é a mesma coisa — insiste.

Depois fica calada um tempinho.

— Sabe o que Harris me disse quando nos abraçamos no dia em que Amy morreu? Ele disse: "É impossível." E é. Não pode ser. É impossível.

★★★

Em sua carta para Amy no aniversário de 21 anos, Ginny escreveu que sempre admirara o senso de oportunidade da filha. Em 19 de abril de 1969, Amy veio ao mundo uma hora antes do horário marcado para a indução do parto. Ginny observou que Amy também chegou ao Hospital de Boston com estilo: fomos levados até lá num carro de polícia de Harvard. Ela chegou com estilo. Os alunos da Dunster House acenderam a torre naquela noite — um dos poucos eventos apolíticos de celebração do surgimento dos tumultos de Harvard.

"O papai e eu não acreditamos que era uma menina", prosseguia a carta. Ginny tinha três irmãos; eu, um; e nós dois tínhamos Carl. Achávamos que só poderíamos ter um menino. "A primeira reação do papai foi 'não temos filhas'", escreveu Ginny. "Mas o nosso bebê era uma menina!"

Quando vi Amy pela primeira vez, enrolada no cobertorzinho branco do hospital, lembrei o que John Kelleher, um professor de Estudos Irlandeses em Harvard e pai de quatro meninas, me dissera sobre pais e filhas: "Toda menina dá uma espiada de dentro do berço, vê seu velho e pensa: 'Otário.'"

A carta de Ginny detalhava tudo que Amy tinha de encantador e peculiar, razão pela qual era longa. Foi escrita numa caligrafia mais firme do que a de Ginny nos últimos dias. Desde a morte de Amy, sua letra se deteriorou — um dos poucos sinais ostensivos do seu sofrimento. A carta se encerra assim: "Desejo para você um trabalho gratificante. Desejo para você a alegria de um casamento com muito amor.

Desejo para você a beleza e a realização que decorrem da maternidade."

***

Desde o início, Ginny me disse que sentia o espírito de Amy à nossa volta. De vez em quando eu repetia essa ideia para as crianças, mas para mim essa sensação era apenas fugaz. Minha raiva de Deus continua intensa, e talvez seja porque não desejo atribuir a Ele nada tão bom ou tão generoso quanto me dar a presença supervisora da minha filha. Sei como é grande, para quem perdeu um ente querido, o consolo de senti-lo por perto. Seria bom, também, pensar que os mortos ficam mais felizes por estarem próximos de nós. No entanto, me sinto mais propenso a simplesmente aceitar a noção de Lewis Thomas de uma vida após a morte baseada no princípio de que nada na natureza desaparece, e parar por aí. O único pensamento espiritual que já me ocorreu é que para Amy não deixa de ser uma espécie de oração o fato de estarmos fazendo o que ela gostaria que fizéssemos.

No Dia de Ação de Graças, que comemoramos na casa de Dee e Howard em Bethesda, Howard me pediu para fazer a prece de agradecimento. Eu disse:

— O melhor que se pode falar desta família é que Amy estaria satisfeita conosco.

Então, numa tarde, Ginny e eu esperávamos por John na Union Station. Ele ia passar os feriados de Natal conosco. Sentados no carro, nós o procurávamos entre os passageiros. Seu trem tinha atrasado alguns minutos. Senti um toque de mão no meu pulso direito — não de leve, de modo a poder ser confundido com o roçar da manga embalada pela brisa, mas decisivo, como uma palmadinha de consolo. Olhei para Ginny a fim de me certificar de que não fora sua mão, mas ela estava olhando para o outro lado, tentando encontrar John.

Torci para sentir aquele toque outra vez, mas não aconteceu. E, desde então, não voltou a acontecer. Talvez tenha sido um pequeno espasmo, um movimento involuntário do meu braço, uma espécie de câimbra.

***

Uma noite, quando as crianças já estão prestes a ir para a cama, Ginny encontra Sammy deitado de barriga para cima no chão do escritório de Harris, os braços abertos e a língua pendendo de um lado da boca. No dia em que Amy morreu, Sammy ficou sozinho com ela enquanto Jessie subiu para chamar o pai. Ele tentou fazer Amy respirar. Tentou abrir os olhos dela.

— Era assim que a mamãe estava — diz ele. — Eu nunca vou esquecer. Ela era jovem, a pessoa mais jovem que já morreu.

Ginny concorda, Amy era muito jovem e uma mãe maravilhosa. Sammy se levanta do chão e vai dormir.

***

Os pais de Wendy, Rose e Bob, levam para as crianças um livro chamado *Elf on the Shelf* [Duende na prateleira], e o duende de brinquedo, de dezoito centímetros de altura, que o acompanha. O livro explica que o duende fica sentado dentro de casa observando o comportamento das crianças para relatá-lo diretamente ao Papai Noel. Supostamente o boneco escolhe um lugar diferente para posto de vigilância durante toda a noite, motivo pelo qual Harris, Ginny e eu lhe damos uma mãozinha. Ele usa um capuz pontudo, tem pernas finas e compridas e o rosto enrugado. Não o considero muito melhor que um dedo-duro. Harris percebe, porém, que desde a sua chegada o comportamento das crianças tem sido impecável. Ele gostaria de prolongar a estadia do duende, mas não consegue encontrar uma justificativa para tanto.

***

No dia de Natal, ajudo Jessie a colar adesivos do *High School Musical* nas paredes e nas portas dos armários do seu quarto. A manhã passa mais facilmente do que a do ano passado. A notícia de que ninguém está comprando coisa alguma neste Natal evidentemente não inclui as crianças da Clearwood Road. Além dos adesivos, Jessie ganhou livros, um globo de neve, um aparelho de karaokê, montes de roupas e um computador só para ela. Sammy, que não considera roupa um presente, ganhou uma moto de controle remoto com motoqueiro, um Lego Missão Marte, helicópteros com controle remoto que aterrorizam todos os moradores da casa e, para o Wii, Mario Baseball e um jogo do Star Wars em que é possível ganhar bastante e, num piscar de olhos, perder tudo. O Wii é incrivelmente engenhoso e, a seu modo, viciante, também pode ensinar que as catástrofes vêm e vão, e que sempre haverá outro jogo. As duas crianças mais velhas dividem um conjunto de basquete que consiste em aro, cesta e tabela, além de um placar automatizado que registra pontos quando alguém faz uma cesta. O basquete substituiu por um tempo o futebol para Jessie como atividade aos sábados, e Sammy também joga. Os dois dividem ainda decalques para colorir e pôr no forninho para que encolham e se transformem em aranhas e outros animais. Sou encarregado da operação do forninho. Além do caminhão de lixo, do posto de gasolina, da mesinha de trabalho e da garagem, James também ganhou sua própria torradeira de brinquedo. "Para fazer torrada igual a você, Boppo", disse ele.

Salvo pelo refrão musical dos Wiggles, ao qual James se apegou — "Fruit salad, yummy yummy" —, o dia passa de forma agradável. James corre de projeto em projeto, como um pintor inspirado trabalhando numa enorme tela, martelando alguma coisa num lado da casa, mudando outra de lugar. John joga um jogo de tabuleiro com Jessie e diz a Ginny que isso o faz lembrar-se de Amy jogando o mesmo jogo com ele quando era menino. À tarde visitamos a irmã de Harris, Beth, em sua casa em Capitol Hill, Washington. Beth, uma caçadora de talentos, com frequência leva Jessie e Sammy para visitar seu escritório. Ela une a reunião de Natal a um levantamento de fundos para filhos de presos, convidando os amigos a contribuírem com a causa. Faz isso de forma tão discreta que metade de nós se esquece de deixar uma doação. Beth herdou dos pais esse ardor inteligente por projetos de caridade. Howard e Dee passam boa parte do ano atuando como voluntários no Parque Nacional Arcádia, no Maine. A caminhonete Volvo que possuem tem colado o adesivo "Meu outro carro é uma bicicleta". Eu disse a ambos que pretendo inventar um adesivo: "Meu outro carro é um utilitário esportivo maior." Eles sorriem caridosamente.

No início da noite, John, Harris, Ginny e eu nos sentamos para jantar. Harris parece cansado. Eu também. Ninguém fala a respeito da ausência de Amy, mas a conversa soa truncada. Ouço Bubbies na outra sala colocar para tocar o CD de Hannah Montana repetidas vezes no aparelho de karaokê: "I Can't Wait to See You Again" — mal posso esperar para rever você.

***

O deslumbramento de Sammy com o Empire State Building começou quando Ginny e eu o levamos a Nova York num passeio especial e ele viu o prédio pela primeira vez quando nos aproximamos do Holland Tunnel.

— Qual é o *segundo* prédio mais alto? — indagou ele. Dava para ver um pedaço do Chrysler Building logo atrás do Empire State.

— Você sabia que um gorila uma vez subiu até o topo do Empire State? — perguntei.

— Corta essa! — disse ele.

Como mencionei King Kong, fui obrigado a comprar o DVD da versão original, de 1933, para ele, como presente pós-natalino. Uma tarde, assistimos ao filme — Sammy, Jessie e eu. James e Ligaya entravam e saíam da sala. Eu estava um tanto ansioso quanto a algumas cenas de que me lembrava, como a do King Kong arrancando, sem qualquer cerimônia, uma mulher do quarto de seu apartamento e atirando-a na rua. Não tinha certeza de que as crianças encontrariam beleza na fera, mas imaginei que o tamanho do macaco predominaria, o que aconteceu. Jessie só não aguentou a sangria dos dinossauros. Ao ver o sangue negro correndo, escondeu a cabeça debaixo de uma almofada. Sammy adorou tudo, em especial os momentos em que King Kong batia no peito comemorando a vitória. E a subida ao topo do Empire State fez jus ao anunciado. James comentou que King Kong era "mesmo grande".

Na década de 1970, havia ao menos dois cinemas em Washington especializados em reprises, nos quais era possível assistir a filmes como *King Kong*. Nos fins de semana, Ginny e eu costumávamos levar Carl e Amy ao Biograph e ao Key para assistir à série de aventuras de Hope e Crosby e aos filmes de Sherlock Holmes com Basil Rathbone e Nigel Bruce (a causa do arranca-rabo entre Amy e o irmão no Halloween), bem como *A dama oculta* e *39 degraus*, de Hitchcock. O preferido de Amy era *Núpcias de escândalo*. Introduzir aos nossos filhos filmes em preto e branco não foi muito mais fácil do que explicá-los a Sammy e Jessie, mas, uma vez feito isso, os dois se renderam a *King Kong*.

— Por que ele leva a moça junto? — pergunta Sammy. Respondo que ele quer se casar com ela.

— O que você acha de King Kong? — indago.

— Ele é mau, mas também é bonzinho — diz ele.

***

A reação tranquila e razoável de Jessie a *King Kong* indicou que, embora guardando o otimismo inabalável, ela começa a aceitar a existência de coisas aterradoras. Faz uns dois anos, Betsy Mencher, uma amiga de Amy, perguntou se ela e o marido podiam levar Jessie, junto com a filha Julia, que tem a idade da minha neta, a uma produção teatral amadora de *A Bela e a Fera*. Como de hábito, Jessie ficou animada. Amy, porém, previu que ela teria problemas com a Fera. Jessie não conseguia lidar com nada que fosse ameaçador ou cruel.

— Como Amy conhece bem os filhos — comentou Betsy comigo.

A música levemente sinistra da introdução à peça mal começara quando Jessie se apavorou. Passados poucos minutos, a menina desandou a chorar.

— Eu a tirei do teatro o mais rápido que pude — disse Betsy. — E fomos ao McDonald's.

Amy também conhecia Betsy muito bem. Quando as duas amigas se formaram na faculdade, o namorado de Betsy tinha acabado de romper com ela. Betsy ia ao nosso apartamento de Nova York diariamente para que Amy lhe dissesse que o rapaz não prestava e que Betsy podia conseguir coisa muito melhor, além de outros consolos de praxe. Acrescentando ao consolo emocional uma compensação alimentar, Amy servia a Betsy os McCheese do irmãozinho John, que tinham o formato de dinossauros. Anos mais tarde, numa visita à casa de Amy em Bethesda, Betsy trombou num McCheese em forma de dinossauro na despensa. Perguntou o que ele fazia ali.

— Serve para consolar meus filhos quando eles estão tristes ou num estado patético — respondeu Amy.

Posso ouvi-la dizendo isso. Com frequência sua voz lembrava a de um comediante falando para a plateia, mesmo quando não se tratava de coisas engraçadas. Como acontece com qualquer comediante sério, dava para identificar vestígios de tragédia na história mais leve, e quando ela dizia algo hilariante, seu tom era perfeito. A família estava sentada à mesa jantando em Quogue, implicando com Harris por ter dormido no chão durante uma viagem para jogar golfe no Havaí, quando Amy disse, como se nomeasse um título de uma série de livros infantis: "Harris Se Vira no Havaí". Ela riu, Harris riu, todos riram.

***

É estranho que eu pareça conhecer Amy mais plenamente na morte do que quando ela estava viva. Não a conheço melhor (duvido que eu fosse capaz de conhecê-la melhor do que já conhecia), mas existia tanta coisa em sua vida de que eu não me dava conta até agora; quando converso com seus amigos e colegas descubro aquela decisão sábia ou aquele pequeno gesto de atenção. Jean Mullen, ex-chefe de residência de Amy, me disse que as duas por acaso tinham o mesmo aparelho de jantar e reclamavam dos pratos para sopa demasiado rasos.

— Amy apareceu um dia na minha casa — contou ela — carregando pratos de sopa novos para nós duas.

Os pais veem muitas qualidades nos filhos à medida que eles se transformam em adultos simpáticos, mas a dimensão de seu caráter pode continuar obscura, porque ela em geral é mensurada a distância. A distância da morte me revela a dimensão do caráter de Amy. Minha filha era importante para as histórias dos outros. Saber disso não impediu que meus olhos se enchessem de lágrimas sem qualquer motivo aparente numa pizzaria outro dia. Mas já é alguma coisa.

***

Carl, Wendy e os meninos aparecem lá em casa num domingo, e vamos todos ao Museu Aeroespacial no aeroporto Dulles.

Harris fica em casa para dar conta do trabalho atrasado. O museu é uma versão reduzida do que fica no Smithsonian, no centro da cidade, mas é de acesso mais fácil para nós e, esperamos, mais vazio. Na verdade tem bastante gente e um bocado de atrações para as crianças — bimotores, velhos aviões, bombardeiros camuflados e viagens simuladas em cápsulas espaciais de embrulhar o estômago. Sammy bisbilhota um quiosque onde tudo, do mais diminuto chaveiro a uma réplica avantajada de um foguete, parece custar 26 dólares.

— Compra este para mim, Boppo? — pergunta ele, indicando o foguete.

Escolho esse como o momento para impor limites. Ele já tem tantos brinquedos! Ao longo do verão, em Long Island, quando visitamos o aquário em Riverhead, Sammy pediu um tubarão de pelúcia cinza e branco, que comprei sem pestanejar. Aqui e agora, porém, resolvo estabelecer a linha divisória.

Ele pega o foguete e o segura no ar para mostrar como é maravilhoso. Fico firme.

— Você não precisa dele, Sammy. Além disso, não temos algo parecido em casa?

— Mas eu quero, Boppo — insiste meu neto.

— Hoje não — digo a ele. Vamos ver os aviões antigos.

Com a mão, ele ergue o foguete no ar, como se fosse disparar. Carl se aproxima.

— O que é isso, Sam? — indaga.

— É um foguete fantástico — responde Sammy.

— Você quer o foguete? — pergunta o tio.

Antes que eu possa intervir, Carl já pagou os 26 dólares.

Naquela noite, relato essa derrota moral a Harris.

— Frustrante, não? — diz ele, olhando diretamente nos meus olhos.

***

Ligaya escorrega no gelo. Uma concussão a prende em casa, na cama, durante a primeira metade da semana. Quando volta, James corre ao seu encontro. Ela o abraça, enquanto ele agarra a cabeça da babá, examina e reexamina seu rosto e deita em seu ombro. Durante uns bons dois minutos, ele não a solta. Ligaya esteve ausente apenas três dias. Ginny e eu trocamos um olhar apreensivo. Em abril ou maio, Ligaya deve viajar para as Filipinas para ver a família. Ela pretende ficar por lá seis semanas. Ameaço mandar confiscar seu passaporte.

★★★

A festa de seis anos de Andrew é na Laser Nation, em Sterling, na Virgínia. Jessie e Sammy estão animadíssimos. James também vai, mas é pequeno demais para atirar em outras crianças ou servir de alvo. Na Laser Nation, os garotos recebem armas a laser, presas a coletes espessos, que se acendem quando são atingidos. A garotada caça os companheiros numa catacumba escura cheia de tubos e com paredes cinzentas e negras. O cenário se parece um bocado com o interior de um submarino. A madeira é pintada para dar a impressão de alumínio. Equipes vermelhas, laranjas, azuis e amarelas, identificadas pelas cores que usam, se deslocam pelo labirinto depois de seus membros receberem instruções no Salão de Conferências: é proibido correr, ter contato físico ou agir sem espírito esportivo. Graeme, um dos pais participantes, australiano, diz:

— Proibido agir sem espírito esportivo? Isso discrimina os australianos.

São assim as festas de aniversário infantis atualmente, embora nem todas sejam realizadas em cenários de guerra. No ano passado, Jessie comemorou o seu no Dave & Buster's, uma espécie de cassino júnior, onde a garotada se entretém com jogos interativos, e Sammy fez sua festa no Little Gym, onde as crianças pulam e desabam em colchões. A vantagem desses locais é que os pais são poupados da faxina e o quadro de funcionários administra o circo. Considero essa moda estranha, porém inofensiva, embora a Laser Nation talvez seja um pouco demais.

Brinco com Bubbies, depois o deixo com Harris quando me desloco para a área de video game, onde Caitlin me captura e me arrasta durante algum tempo, cativo, antes que eu a devolva gentilmente aos cuidados da mãe. Entre os jogos estão Extreme Hunting e Virtual Cop. Como jamais experimentei um deles, jogo Virtual Cop. Tiro a arma automática azul do coldre e elimino todos os bandidos que surgem na tela. Sou bom nisso. Meu resultado é "Excelente". Surge um aviso: "Depois da perda de todas as vidas, o jogo termina."

Depois de abater todos os alvos possíveis, Jessie, Sammy, o aniversariante e outras quinze crianças abaixam os braços e comem bolo. Bubbies se junta aos maiores e, embora mal dê para ver sua cabeça por sobre a mesa comprida, observa e escuta sem mostrar qualquer sinal de que esteja pouco à vontade na companhia dos mais velhos. Jessie se encontra com Ella, a filha do australiano Graeme. Ella ainda não fez seis anos.

— Você tem sotaque — diz Jessie. — Nasceu na França?

— Se eu tivesse nascido na França, falaria francês — responde a menina.

* * *

A lista de afazeres de Jessie está pregada ao suporte para partitura em seu teclado. Tem quadradinhos para marcar:

- ❑ VESTIR-SE
- ❑ ESCOVAR OS DENTES
- ❑ ESCOVAR O CABELO
- ❑ FAZER A CAMA
- ❑ TIRAR A MESA DEPOIS DAS REFEIÇÕES

***

Um dia, enquanto estou fora, Harris liga para dizer que James rabiscou todo o sofá modulado com uma caneta hidrográfica e foi posto de castigo no quarto.

— Ele tem um advogado? — pergunto. Como a maioria dos médicos, Harris odeia advogados.

— Já foi condenado e sentenciado — responde ele.

— Sem julgamento? — indago. — Acho que vou assumir a sua defesa na apelação. Este caso será sopa! Você pode se preparar também para um desagradável processo civil.

— Não perca seu tempo. Temos testemunhas — atalha Harris.

— Menores de idade? — pergunto. — Há impressões digitais na caneta? Ele confessou?

— De certa forma — diz Harris. — Mas aparentemente não registrou ainda a magnitude do crime.

— Então por que foi julgado como adulto? O que me faz recordar: ele teve direito a um telefonema?

— Teve — responde Harris. — Ele vai ligar para *você*.

***

Há muito abandonei a esperança de voltar a descobrir alguma novidade — restam-me muito poucas células cerebrais. Agora, graças às leituras que faço com Sammy na hora de dormir, adquiro informações de sobra sobre caminhões, barcos, aviões, gruas e equipamentos de perfuração. Ontem à noite, depois de termos ambos comparado a potência de estabilizadores e empilhadeiras, me deitei um pouco com Jessie. Ginny terminara de ler dois capítulos de *James e o pêssego gigante* com ela, e Harris estava no quarto de James. Jessie se preparou para atacar outro livro — *Harold and the Purple Crayon* [Harold e o lápis roxo] —, que leu para mim.

— Harold cria o próprio mundo — disse Jessie.

— Como fazem os escritores — acrescentei.

Jessie já quis ser escritora, médica, modelo e regente de orquestra.

— Se decidir ser escritora, Jess, você vai poder criar o que quiser: amigos, princesas, monstros...

— E novos mundos também — interveio ela.

— Novos planetas — emendei. — Harold não só criou seu próprio mundo como vive nele. Isso também acontece com os escritores. É outra forma de dizer que os escritores *habitam* seus próprios mundos.

— Habitar. Essa vai ser a Palavra do Dia amanhã, certo?

— *Isso* mesmo — aprovo.

Continuamos a falar de tudo que um escritor, como Harold, é capaz de criar. Eu disse que às vezes, quando criamos, não encontramos o que procuramos de imediato, e que por isso é preciso continuar criando até que aquilo apareça. Um escritor pode até já ter criado o que procura, mas depois de ter perdido, e então precisa voltar a imaginar essa coisa.

— Como a janela de Harold — lembrou-se Jessie.

Com seu lápis de cor, Harold desenha primeiro uma janela, depois duas, e depois toda uma cidade de janelas, na tentativa de descobrir a janela que perdeu.

— Exatamente como a janela de Harold — concordei.

★✶★

Sammy diz que quer ser mergulhador quando crescer, mas também tem uma queda por invenções. Ele gostaria de fabricar um dispositivo que, colocado no alto de um capacete, possibilite ver coisas invisíveis.

— Como raios ultravioleta — exemplifica. — E a mamãe.

Compro para ele alguns livros sobre Thomas Edison, figura que o interessou quando mencionei algumas de suas invenções. Uma noite nos debruçamos sobre um livro que aborda os primeiros anos de Edison. Sammy se impressiona, sobretudo, com o fato de o cabelo do inventor ter ficado grisalho quando ele tinha apenas 23 anos. Lendo para ele sobre o telégrafo e o fonógrafo, tento tornar inteligíveis para o menino esses instrumentos antigos. Viro uma página e descubro que a esposa de Edison morreu quando ele tinha 37 anos, deixando-lhe três filhos pequenos para criar. Hesito, mas leio o trecho para Sammy, que ouve atentamente e nada diz.

***

Na manhã do Réveillon, Jessie é a primeira das crianças a descer para o café.

— Tive o sonho mais maravilhoso do mundo — diz ela. — Sonhei que a mamãe estava viva e ia ter uma menina.

Conto a ela que depois que meu pai morreu eu também costumava sonhar que ele estava vivo.

— Não — discorda Jessie. — Não foi assim. Sonhei que tiravam mamãe da terra e descobriam que ela estava viva. Tinha só um rasgãozinho no coração dela e puderam consertar.

— Você falou com ela no sonho? — indago.

— Ela estava falando muito baixo. Não entendi o que ela disse.

Não havia tristeza na voz de Jessie, mais parecia o relato de algo assombroso. Falamos de outros assuntos. Ela olha a Palavra do Dia, que por acaso é “rejuvenescer”.

***

Catherine Andrews, a psicoterapeuta das crianças, tem um consultório em casa, uma daquelas casas lindas e aparentemente infindáveis nas ruas tranquilas e arborizadas de Northwest Washington. Foi ali que cresceu, conta ela a mim e a Ginny, e para onde voltou já adulta para cuidar do pai doente. Seu consultório é mobiliado para crianças, com prateleiras para brinquedos de pelúcia e material de desenho e uma mesinha no centro. Numa parede próxima à porta está pendurado um quadro com desenhos de rostos de crianças que expressam uma variedade de humores. Na saída, ela pede que seus pacientes identifiquem o rosto que combina com o humor deles.

Sentamos os três em volta da mesinha. Catherine é uma cinquentona baixinha e bem-cuidada, o tipo de pessoa a quem se pode contar segredos. Tem uma expressão encantadora e serena e uma voz que acalma sem ser suave ou carecer de autoridade a ponto de embalar o sono. Ela diz que estamos agindo de maneira correta, mas Ginny e eu a procuramos especificamente para saber se existe algo que possamos fazer em situações como a de Sammy de braços abertos deitado no chão.

— Uma coisa que vocês podem fazer quando as crianças estiverem se lembrando da aparência de Amy em seus últimos momentos é mostrar a elas fotos da mãe quando estava ativa e feliz.

Catherine fala de três elementos da morte que as crianças, ou qualquer um, têm dificuldade para absorver: a universalidade, a inevitabilidade e o fato de os mortos serem incapazes de funcionar.

— As crianças não conseguem entender por que seu pai ou sua mãe, mortos, não fazem alguma coisa para voltar para elas — explica.

Segundo Catherine, as crianças não entendem que a morte não pode ser consertada.

Para minha surpresa, ela diz que acredita na presença espiritual dos mortos. Cita episódios que comprovam isso, seja de forma tátil ou outra qualquer. Fica claro também que ela acredita em Deus e que o seu Deus não intercede em tragédias.

— Mas Ele chora com elas — acrescenta.

Ouço respeitosamente. Ginny e eu lhe contamos o quanto admiramos Harris. Falamos do delicado equilíbrio do nosso arranjo familiar e da nossa tentativa de criar um papel para nós entre o de avós e pais. Ela reconhece a natureza incomum da nossa situação, mas não vê, até agora, problemas que não possamos resolver.

Menciono minha preocupação com Harris, que parece tenso ultimamente, e falo da minha própria tensão. O mês de dezembro foi pesado. Comento que vivo dizendo "Amy" quando quero dizer Jessie ou Ginny, e que com frequência me sinto distante dos amigos em situações sociais. Ela diz que uma das ilusões dos enlutados é que, passado um ano, as coisas comecem a melhorar. Catherine nos recorda o que disse a Harris logo no início: o luto é um processo de toda a vida para cada um de nós, não só para as crianças. Quanto à demarcação de um ano, observa:

— Na verdade, as coisas pioram. Você, Ginny e Harris estão se dando conta agora de que é assim que a vida vai ser daqui pra frente. Um ano não é nada.

Próximo ao final da consulta, Catherine fala de Jessie. Diz que os meninos, como Sammy, costumam demonstrar seus sentimentos e deixá-los para trás — o que ela disse com relação ao desenho de Sammy na escola, o da mãe deitada no chão. As meninas, porém, são mais propensas a manter os sentimentos sob controle e a esperar até se sentirem seguras para expressá-los. Jessie vinha fazendo isso até pouco tempo, diz ela, mas na última sessão de terapia fez um desenho que Catherine chama de "um ótimo sinal". Um dos pilares da terapia artística, acrescenta, é que quando as crianças desenham a si mesmas de pé num terreno firme e com um céu sobre elas é sinal de que estão se sentindo seguras. Jessie desenhou a si mesma de pé num morro, com o céu acima e um arco-íris à sua volta.

***

Sammy me pergunta por que temos anos. Discutimos sobre em que consiste um ano na Terra. Consultamos seu "Planetário Interativo", um mapa falante do Sistema Solar, que responde a perguntas. Um ano em Júpiter é igual a quase onze anos e dez meses na Terra. Um ano em Netuno é igual a quase 165 anos terrestres.

***

Vinte de janeiro.

— James! — exclama Ginny. — Você sabe quem é o presidente dos Estados Unidos?

— O-ba-ma! — grita Bubbies.

Alguns dias depois, começo um novo semestre na Stony Brook. De volta a uma única disciplina, conduzo uma oficina chamada "Escrevendo de tudo", em que faço os alunos escreverem um conto, um ensaio, um poema e uma peça. Tento ajudá-los a ver a utilidade das exigências que cada formato tem para os demais. Faz um mês desde que estive em Quogue pela última vez. Quando chego em casa, descubro que Kevin deixou um presente para mim na mesa da cozinha — uma placa de bronze com números pretos rebuscados indicando o valor da sua remuneração pelo trabalho realizado no deque. Quando lhe telefono para dar os parabéns pela piada, ele diz que vai me mandar uma conta também pela placa.

— Tenho um DVD de Stephen fazendo seu discurso de orador da turma — diz ele. — Você gostaria de assistir?

Em sua visita regular às terças-feiras, Kevin leva um aparelho de DVD portátil. Sentamos lado a lado à mesa da cozinha, de costas para o sol, e assistimos à formatura da turma do ensino médio de 2007 da Escola Mattituck. A telinha mostra os formandos — becas brancas nas meninas e azul brilhante nos meninos. Stephen sobe ao pódio. Parece um pouco com a mãe e o pai, mas tem sua própria beleza e uma voz rica, musical. A medalha de ouro do orador da turma pende de uma fita branca em torno do seu pescoço. À vontade ao discursar em público, ele não se refere a si mesmo, prefere dirigir-se a seus colegas de turma. Utiliza uma metáfora do jogo Banco Imobiliário para recapitular os anos escolares — a "moeda" da instrução, as propriedades intelectuais que adquiriram. E conclui: "Ao menos a maioria de nós evitou ir para a cadeia."

Ao retirar o capelo, ele o substitui por orelhas de Mickey Mouse, numa reminiscência da viagem dos formandos à Disney. Vira as costas para a plateia e encara os colegas sentados atrás dele. Todos riem e comemoram.

— Onde você e Cathy se sentaram? — pergunto a Kevin.

— Na primeira fila — responde ele. — Sempre gravamos tudo que ele fazia na escola, mesmo a apresentação mais chata da banda.

Seus olhos estão vermelhos.

★★★

Durma bem, filhotinho peludo,
A salvo do vento,
Protegido do frio.
Durma quentinho e macio
Até o amanhã chegar
Você e a sua família peluda
Vão, então, poder acordar.

Do livro *Little Fur Family*

★★★

Os mortos ocuparam boa parte do meu tempo no ano que passou — livros e poemas sobre os mortos, conversas com outras famílias sobre seus mortos. Leio morte em qualquer observação inocente e em textos inocentes. Quando isso acontece, parece acidental, mas sei que não é. Eu deveria tentar me afastar desse tema. Ele não é infinitamente interessante, já que pensar nisso só produz um desânimo sinistro. De todo jeito, tem mais coisa aí. E estou ficando cansado da minha raiva.

Ginny e Harris talvez sintam que suas vidas os tenham preparado para as nossas circunstâncias atuais. Eu, não. Duvido que a minha vida tenha me preparado para qualquer situação, porque, até a morte de Amy, sempre acreditei que as coisas boas simplesmente caíam no meu colo. Salvo poucas decepções, provavelmente em menor número do que me caberia sofrer, levei uma vida muito boa. Estou aprendendo o que a maioria das pessoas descobre bem mais cedo. Como a minha recompensa reside hoje na sobrevivência da minha família, me contento em tentar merecê-la.

Tudo isso, porém, me ocorre lentamente. Não fui um corredor de maratona, e agora — no momento em que minhas pernas estão fracas e meu fôlego, reduzido — preciso enfrentar a longa arrancada, o que vai de encontro à minha natureza. Preciso me treinar para lidar com o mundo como ele é, como fez Amy, sem encarar a tarefa como obrigação. Uma das poucas coisas que escrevi desde a morte dela foi a resenha de um livro para o *Washinton Post Book World*. O romance era *Surdo mundo*, de David Lodge — sobre um professor de linguística aposentado, Desmond Bates, que está perdendo a audição e que também é surdo para a vida, até que, contra a vontade, visita Auschwitz, onde o silêncio o ensina a ouvir. Ele lê a carta escrita por um prisioneiro do campo à esposa, descoberta numa pilha de cinzas humanas. Uma frase se destaca para Desmond: "Se houve, em ocasiões variadas, mal-entendidos banais na nossa vida, vejo agora como somos incapazes de valorizar o tempo que passa." Segundo a minha experiência, é assim que se deve viver: valorizando o passar do tempo.

★✶★

Carl e Wendy escolheram um nome — Nathaniel A. O A não vem seguido de ponto porque não é a inicial do nome do meio. É só A.

***

Entramos no Ano-Novo, como qualquer família, marcando numa parede da sala de brinquedos quantos centímetros as crianças cresceram. Jessie quase não faz mais cenas dramáticas agora. Já não confunde decepção com catástrofe e se recupera rapidamente de tristezas e desapontamentos. Lê muito bem, e posso me dar ao luxo de tornar minhas brincadeiras com a Palavra do Dia sofisticadas. Ela tem autodisciplina. Até pouco tempo estava desinteressada das aulas de piano, mas perseverou. Uma nova professora, Maja, a elogia e estimula. Numa aula recente, eu a ouvi tocar não só com os dedos, mas com emoção.

Minha neta conseguiu até mesmo moderar seu ciúme e me diz que entende por que brinco com Caitlin — "ela não tem companhia da mesma idade". E ela e Ginny estão ainda mais próximas. Harris comenta com Ginny como Jessie fica saudosa quando ela se ausenta. Acontecimentos como aniversários e uma peça escolar, que parecem exacerbar a ausência de Amy, deixam suas marcas. Jessie exibiu um silêncio pesado depois da peça, na qual fez um enorme sucesso. Ainda assim, sua natureza dinâmica prevalece. E ela se preocupa com os irmãos. Raramente briga com Sammy e é muito carinhosa com ele quando o irmão precisa. Uma noite, enquanto eu lia com ela, Sammy surgiu com os olhos cheios de lágrimas, com medo de monstros. Jessie o convidou para dormir em sua cama. Quando James está agitado, ela o tranquiliza cantando "Somos homens fortes". Ele teve uma virose e vomitou por toda a cozinha, e Jessie imediatamente correu para consolá-lo.

Na minha visita mais recente à turma de Jessie, a sra. Salcetti me pediu para falar sobre o *Children of War*, um livro que escrevi na década de 1980, para o qual entrevistei crianças em cinco zonas de guerra em todo o mundo. Apresentando o tema, eu disse aos alunos da segunda série que uma das coisas mais tristes e difíceis com relação a crianças de qualquer lugar é que elas não têm poder. Jessie levantou a mão:

— Não é verdade, Boppo — discordou ela. — Temos o poder do pensamento e da bondade.

Sammy é capaz de tantas coisas que muitas vezes entra em choque com os próprios padrões. Ele também lê muito bem. Ginny e eu visitamos sua turma no jardim de infância, onde muitas crianças leem num nível avançado. Ele demonstra um gosto quase acadêmico pelas coisas aprendidas. Sua exclamação diante de Harris sobre pinguins resultou de um projeto escolar que culminou na criação de um Museu de Pinguins pela turma. Sammy me guiou pela mostra como um docente:

— Este é o pinguim imperador! Dá para ver porque ele tem laranja e amarelo e porque é mais alto!

Sammy gosta das responsabilidades que lhe foram atribuídas por Pam Merritt. Junto com a amiga Diana, foi encarregado de empurrar o carrinho com as quentinhas dos colegas para o refeitório. Com muito cuidado, Sammy enfileira as quentinhas diante dos escaninhos. Também já parou de imitar o barulho de um pum colocando a mão na axila e erguendo e baixando o cotovelo como se fosse a bomba de um poço. Ele podia fazer o mesmo barulho usando só as mãos e os joelhos. Durante algumas semanas, essa foi sua principal vocação. A srta. Merritt culpou Harris e a mim por ensinarmos a Sammy a brincadeira do pum, mas nem Harris nem eu fomos bons nisso. Dissemos à srta. Merritt que Sammy era um autodidata, que tinha um talento nato.

James é um menininho agora. Continua a se mostrar caprichoso e temperamental. Uma noite, quando Harris havia saído, ele quis dormir com Jessie.

— Jessie também precisa dormir — argumentei enquanto o levava para seu próprio quarto.

— Boppo malvado! Malvado! — gritou ele.

O jeito de bebezão desaparece com rapidez. Sinto falta disso. Ele agora rejeita a cadeirinha de refeições, ainda que isso signifique comer de joelhos sobre a cadeira. Está começando a beber num "copo de rapaz", em lugar do copinho de criança. Pede sua própria Palavra do Dia (e é atendido). Costumava comer sua torrada cortada em pequenos quadrados no café. Agora, quer "torrada de verdade" — duas metades. Ele joga Perfection e Lig 4. Vive cheio de projetos, como enfiar chaves em fechaduras de portas e gavetas e retirá-las, arrastar de um canto para o outro um aquecedor fora da tomada, com um terço da sua altura, ligando e desligando o aparelho, ouvir atento o karaokê e retirar o controle remoto de uma televisão substituindo-o por outro e tornando impossível para qualquer um usar qualquer um dos aparelhos. Ele é a pessoa mais ocupada que já conheci.

Na escola, brinca com independência. Uma manhã, Ginny e eu chegamos cedo para buscá-lo e o observamos do carro, onde ele não podia nos ver. Ele e os coleguinhas da pré-escola estavam no playground. James subiu a bordo de um barco grande, de madeira, não muito distante do banco de Amy. Vestia um suéter de tricô, um boné da Georgetown e sua jaqueta prateada, aberta. A srta. Franzetti, também a bordo do barco, abotoou-a para ele. Às onze e meia, as crianças formaram uma única fila a fim de voltar ao prédio da escola. Os professores as conduziam, como gigantes pairando sobre elas. James mantinha os olhos fixos nos próprios pés, que seguiam a linha amarela. Na tradicional foto da turma, ele parece um pequeno aluno da escola Eton, numa camisa de rúgbi com listras verdes e pretas, a gola branca e um falso brasão no peito. Sua expressão é vulnerável mas madura, e sua aparência, a de um menino de cinco ou seis anos, e não de dois. Pusemos a foto sobre a bancada da cozinha.

— Quem é esse? — pergunto a ele.

— Eu! — exclama James, feliz e orgulhoso.

Não gosto daquela foto.

Harris está tendo aulas de golfe. Jogador de golfe, ele tirou as tardes de quinta-feira para ter aulas com um profissional. Como não encaro o golfe como esporte, e ele sabe disso, finjo que sua decisão me é indiferente. Porém, Ginny e eu ficamos muitíssimo satisfeitos de vê-lo investir em si mesmo. Ele também passou a praticar snowboard. De vez em quando, toma uma cerveja com os amigos depois do trabalho. Ultimamente tem frequentado um bocado de festas de aniversário com os colegas de escola aqui em Bethesda, todos completando quarenta anos. No seu próprio aniversário de quarenta anos — uma festa surpresa organizada por Carl —, observei-o com Matt Winkler, Scott Craven e Ramy Ibrahim, empresários que frequentaram com ele a Escola Walt Whitman. Todos riam com histórias de antigas namoradas, faziam piadas de mau gosto e pareciam ter dezesseis anos de novo. Antes, ele costumava engolir o jantar a toda, enquanto dava banho nos filhos e os aprontava para dormir. Agora, ele, Ginny e eu, em geral, jantamos na mesa da cozinha como adultos civilizados, enquanto Sammy e Jessie tomam banho sozinhos.

E Ginny? Depois de um dia que consiste em preparar e arrumar na lancheira o almoço de Jessie e de Sammy, em verificar se o dever de casa da neta está na mochila e aprontá-la para ser apanhada para a aula de espanhol às oito da manhã, em se assegurar de que Sammy vestiu a jaqueta grossa, e não o moletom, que ele prefere, em levar Bubbies à Escola Geneva, dar meia-volta e partir para a Escola Burning Tree a fim de ajudar como voluntária na turma de Sammy; depois de pegar Bubbies no maternal, dar-lhe o almoço e voltar à Burning Tree para buscar Jessie e levá-la para brincar com a amiga Danielle; depois de comprar o necessário para o jantar e passar em casa para ver como andam as coisas com Sammy e Bo, o amigo convidado para brincar, de buscar Jessie no final da tarde, de brincar com Bubs enquanto ele anda de velocípede e de preparar o jantar para os três netos; depois de ler para Bubbies na sala de brinquedos e subir para repassar com Jessie o dever de casa, de montar os horários para o dia seguinte e ter uma conversa telefônica com a mãe de um amigo de Sammy que quer convidá-lo para sua casa na semana seguinte; depois de preparar o jantar para mim, para Harris e para ela mesma; depois de jogar só mais uma partidinha de Uno com Jessie e garantir que ela e Sammy façam xixi antes de deitar, de ler com Jessie e de separar as roupas dos três para a manhã seguinte... Ginny dá um beijo de boa-noite nas crianças.

★✶★

Num final de manhã estou sozinho em casa. Não consigo me lembrar de outra ocasião como essa. Harris está trabalhando. Ginny foi à mercearia. Sammy e Jessie estão na escola, e Bubbies, na aula de psicomotricidade com Ligaya. Eu deveria estar escrevendo, mas em vez disso vagueio pela casa vazia — a sala de brinquedos, os quartos das crianças, os corredores. O único som é o ronco da geladeira.

Mal percebemos os objetos de uma casa quando há pessoas presentes. Agora me interesso pela cesta de lixo dos Redskins, no quarto de Sammy, pelo aquário de Jessie, pela colcha de James, cheia de trens. A casa parece fria. Me aproximo do teclado de Jessie e toco um pouco. Atrás de mim, as cadeiras estampam os nomes das crianças. Vou até a sala de TV, mas não ligo o aparelho. Entro no quarto de Harris e contemplo as fotos da família sobre o criado-mudo. Torno a descer até a cozinha. A porta da geladeira está coberta de fotos da família, de cartões de visita de todo tipo de serviços que uma casa possa demandar, como chaveiros e táxis, assim como um telefone de emergência para envenenamentos e suvenires de locais onde Amy e Harris estiveram com os filhos. Os guardanapos de papel descansam, soltos, no suporte de madeira. Restos de cereal ficaram grudados ao fundo de uma tigela.

★✱★

Oi, Wendy. É a A. Acabei de sair da Toys 'R' Us e... Bom, comprei coisas para os meninos... Não sei se é bom deixar este recado na secretária. Eles podem ouvir [risos]. *De todo jeito, me liga. Quero falar de uma coisa que comprei porque você viu na minha casa e ficou, tipo: "Olha só! Os meninos iam adorar!" Por isso... Eu falei que tinha um monte de acessórios, mas assim mesmo comprei o principal... Sei lá. Mas se você já tiver comprado, eu devolvo. Só queria ter certeza. Nossa. Tomara que dê pra você entender* [uma boa gargalhada]. *A gente se fala depois. Tchau.*

★✱★

Hoje é 1º de março de 2009. Às seis da manhã, o céu está nublado. Ponho a mesa para o café e assisto à TV enquanto espero as crianças descerem. O homem da previsão do tempo fala do Meio-Oeste afetado pelas geadas e de uma tempestade de neve fora do comum que se aproxima, vinda do Sul. Bubbies sai do quarto em seu pijama vermelho que cobre os pés. Desce a escada quase toda e então abre os braços para mim e pula. Olhamos pela porta de vidro.

— Vai nevar — diz ele.

— É o que parece, Bubs. Você quer comer banana hoje? — pergunto.

— Torrada — responde Bubs. — Torrada *de verdade*.

— Certo, torrada de verdade.

Ele vai até a mesa e fica de joelhos em sua cadeira. Pego uma banana fatiada e uma torrada, além da minha torrada e do meu café, e levo para a mesa. Comemos.

Agradecimentos

Um dia depois do outro foi publicado pela primeira vez como um ensaio na *New Yorker*, em dezembro de 2008. Sou grato a Dorothy Wickenden e a Andrea Thompson, da revista, e, sobretudo, ao editor, David Remnick, que me forneceu conselhos inestimáveis. Meu obrigado também para Dan Halpern, tão bom amigo quanto editor, o que já diz um bocado.

Produção
Adriana Torres
Ana Carla Sousa

Produção editorial
Flávia Midori

Revisão de tradução
Rodrigo Ferreira

Revisão
Frederico Hartje
Mariana Freire Lopes

Diagramação
DTPhoenix Editorial

Este livro foi impresso no Rio de Janeiro, em dezembro de 2011,
pela Edigráfica, para a Editora Nova Fronteira.
A fonte usada no miolo é Iowan Old Style, corpo 10,5/14,5.
O papel do miolo é chambril avena 80g/m², e o da capa é cartão 250g/m².

Visite nosso site: www.ediouro.com.br